自然资源部油气资源战略研究中心
Strategic Research Center of Oil and Gas Resources, MNR

中国油气

2023

杨丽丽　韩亚琴　樊大磊　郑志红
丁　锋　孔　宁　任思达　李文博　等 编著

地质出版社

·北　京·

图书在版编目（CIP）数据

中国油气 . 2023 / 杨丽丽等编著 . —北京 : 地质出版社 , 2024. 9. —ISBN 978-7-116-14267-1

Ⅰ . F426.22

中国国家版本馆 CIP 数据核字第 2024XG1472 号

ZHONGGUO YOUQI 2023

责任编辑：肖莹莹　顾秋蓓
责任校对：张　冬
出版发行：地质出版社
社址邮编：北京市海淀区学院路 31 号，100083
电　　话：（010）66554649（邮购部）；（010）66554571（编辑部）
网　　址：https://www.gph.clmpg.com
传　　真：（010）66554576
印　　刷：北京地大彩印有限公司
开　　本：710mm × 1000mm　1/16
印　　张：7.25
字　　数：200 千字
版　　次：2024 年 9 月北京第 1 版
印　　次：2024 年 9 月北京第 1 次印刷
定　　价：158.00 元
书　　号：ISBN 978-7-116-14267-1

前言

QIANYAN

2023年，全球油气市场经历了一系列挑战与变革，油气资源安全与高质量发展成为中国油气工作总基调。

这一年，油气供需格局深刻变革。地缘政治复杂多变，受大国博弈、俄乌冲突、巴以冲突、石油输出国组织（OPEC）+产油国减产等影响，国际油气价格震荡下行。中国油气消费恢复性增长，油气进口量增价减，成为全球最大液化天然气（LNG）进口国。国内油气管道建设里程持续增长，地下储气库建设有序推进，原油加工量不断增加，为畅通国内大循环打下坚实基础。

这一年，油气勘查开采取得重要成就。油气勘查投资超过900亿元，开采投资超过3000亿元，均创历史新高。深层、深水和非常规油气领域取得多项重要成果，油气储量高位增长，产能建设稳步推进。石油产量连续两年超过2亿吨，天然气产量接近2300亿立方米，油气当量连续5年保持千万吨级增长势头。

这一年，油气理论技术不断创新突破。全油气系统理论成为研究热点，深地钻探步入万米时代。油气地质理论研究不断深化，勘探开发技术装备持续创新发展，一大批技术先进、高效可靠的国产油气技术装备得到推广应用，关键核心装备实现国产化、自动化、智能化快速发展。

这一年，油气资源管理改革全面深化。新一轮找矿突破战略行动全面推进，“十四五”期间全国油气资源评价取得阶段成果，油气勘查开采市场化格局逐步建立。全年新立油气探矿权面积2.05万平方千米，油气采矿权新增面积4.47万平方千米，油气增储上产基础不断夯实。《中华人民共和国矿产资源法》修订步伐加快，资源利用与保护标准规范陆续出台，矿业权出让登记、油气储量评审、地质资料管理不断优化。

为全面了解2023年中国油气勘查开采进展情况，记录中国油气发展轨迹，勾勒中国油气发展脉络，自然资源部油气资源战略研究中心（以下简称“油气中心”）组织编写《中国油气2023》。本书由供需形势、勘查开采、理论技术装备、资源管理、政策法规等5个板块组成，涵盖69个专题、9个专栏，为油气行业研究和矿政管理提供借鉴。

全书引用了大量的公开资料，主要参阅了自然资源部、国家统计局、国家能源局、国家海关总署、油气中心、中国石油和化学工业协会以及国际能源署（IEA）、美国能源信息署（EIA）、英国石油公司（BP）、IHS能源集团、石油输出国组织（OPEC）、美国《油气杂志》等机构发布的数据，部分油气发现采用了石油公司公开发布数据。

需要说明的是，由于资料来源不同、定义不同，同一指标数据可能有所差异。本书中的原油（crude oil）通常是指碳氢化合物的混合物，作为液体存在于地下地质构造中，当被带到地表时仍然是液体。石油是比原油更加广泛的定义，通常包括原油和其他液体产品。例如，在供需形势部分，BP等能源机构统计的储产量包括了原油、凝析油和天然气液（NGLs）等。在勘查开采部分，石油包括原油和凝析油，天然气包括气层气和溶解气。

本书由苏迅统筹谋划，景东升组织实施。前言由任思达、丁锋、孔宁执笔，供需形势部分由杨丽丽、娄钰执笔，勘查开采和国内外油气资源大事记（2023年）部分由樊大磊、李文博执笔，理论技术装备部分由郑志红、李登华执笔，资源管理和政策法规部分由韩亚琴、贺旎妮执笔。苏迅、吴裕根、王全玲、韩征、景东升、袁际华、丁锋、孔宁、任思达、王伟铭负责全书统稿。杨虎林、张应红、程绪平、丁锋、孟刚、申延平等领导、专家对全书提出了宝贵的修改建议。毛俊莉、苗琦、卜小平、刘启鹏、张道勇、郭海晓、郭威、韩志强、王宗礼、郝江帆、王峤泓、王硕、白羽、高白水等提供了咨询及相关材料。

我们在编写本书期间，得到了自然资源部相关司局及单位，国内石油企业、科研院所领导、专家、研究人员的指导与帮助，在此一并表示感谢！

受成稿时间限制，本书数据为2023年度初步统计数，涉及全国性统计数据，未包括香港特别行政区、澳门特别行政区和台湾省。出版时对部分专题、专栏内容进行了删减。

由于编者水平有限，加之时间仓促，对一些问题的研究和认识还不够深入，不免存在不足、不当之处，敬请各位读者多提宝贵意见。

2024年3月

目录

MULU

一 供需形势

2023年，世界经济复苏乏力，俄乌冲突延宕，巴以冲突外溢，地缘政治动荡对全球油气供应链、产业链造成一定冲击。全球油气市场持续深刻调整，国际油气价格震荡下行，油气需求增速放缓，油气供应整体平稳。中国经济回稳向好，油气需求快速增长，进口创历史新高，油气基础设施加快建设，季节调峰能力不断增强。

- **全球油气需求分化明显，亚太成需求增量引擎**
- **全球油气供应稳中有升，美洲产量上升显著**
- **国际原油价格中高位震荡，天然气价格显著下降**
- **中国油气保持稳产增产，消费以恢复性增长为主**
- **中国油气进口量增价减，成为最大LNG进口国**
- **油气基础设施建设有序推进，原油加工量较快增长**

（一）全球油气供需

01 剩余探明储量稳中有升

2023 年，全球石油剩余探明储量为 2475 亿吨，同比增长 0.05%。天然气剩余探明储量为 192 万亿立方米，同比增长 0.11%。全球石油储采比 56，天然气储采比 45[1]。

油气资源分布不均衡。石油储量主要集中在中东和美洲地区，天然气储量主要集中在中东、中亚及俄罗斯、美洲地区[2]。

世界主要国家油气剩余可采储量

石油			天然气		
排名	国家	剩余可采储量 亿吨	排名	国家	剩余可采储量 万亿立方米
1	委内瑞拉	413.6	1	俄罗斯	47.8
2	沙特阿拉伯	360.8	2	伊朗	34.0
3	伊朗	279.0	3	卡塔尔	23.8
4	伊拉克	192.0	4	美国	16.4
5	阿拉伯联合酋长国	148.2	5	土库曼斯坦	14.0
6	科威特	131.9	6	沙特阿拉伯	9.5
7	俄罗斯	102.9	7	阿拉伯联合酋长国	8.2
8	美国	70.4	8	尼日利亚	5.9
9	利比亚	61.1	9	委内瑞拉	5.5
10	尼日利亚	46.3	10	阿尔及利亚	4.5

02 油气上游投资持续增长

2023 年，全球油气上游投资额约 5950 亿美元，同比增长 12%，已连续 3 年增长，回到疫情前投资水平 [3]。

● 海域油气投资增速超过陆上。陆上和海域油气资本开支的同比增速分别为 13% 和 15%，海上勘探成为主要方向。

● 中东、北美洲、亚太投资占比近七成。中东、北美洲和亚太投资同比增速分别为 13%、11% 和 12%。

● 全球活动钻机数保持增长势头。全球活动钻机数 1814 台，同比增长 3.8%。美国活动钻机数 689 台，虽同比下降 4.4%，但由于单井效率和技术手段提高，其油气产量仍创新高 [4]。

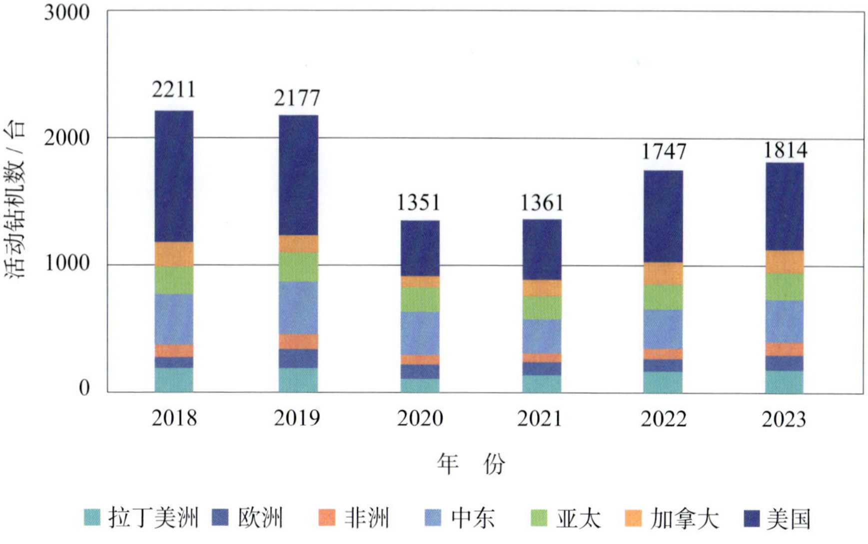

2018—2023 年全球活动钻机数

03 新增可采储量大幅下滑

2023 年全球共获得 202 个油气发现，新增油气可采储量 14.8 亿吨油当量，同比下降 44.5%。油气发现个数与近 3 年基本持平，仍保持在 200 个以上，但新增储量远低于近 3 年均值 [5]。

- 全球十大油气发现主要位于中东、东南亚和拉美地区，其中陆上发现占据 4 席；海域发现占据 6 席，全部位于深水–超深水海域。
- 天然气新发现储量占油气新发现储量的 63%，2020 年以来首次超过石油。
- 新增可采储量大于 5 亿桶（6820 万吨）油当量的巨型油气田仅 4 个，远低于 2022 年的 11 个和 2021 年的 9 个。

2023 年全球十大油气发现

排名	名称	类型	油气当量 / 万吨
1	伊朗 Shahini 气田	陆上	39840
2	圭亚那 Lancetfish 油田	海域	14167
3	伊朗 Cheshmeh ghoor 气田	海域	12880
4	印度尼西亚 Geng worth 气田	海域	9037
5	纳米比亚 Jonker 油气田	海域	6012
6	圭亚那 Fangtooth &E 油气田	海域	5511
7	印度尼西亚 Layaran 气田	海域	4655
8	苏里南 Rovstonea 油气田	海域	4511
9	土耳其 Sehit Aybuke Yalcin 油气田	陆上	4478
10	美国 Hickory 油气田	陆上	2966

04 石油产量小幅提升

2023年，全球石油产量约50.66亿吨❶，同比增长1.8%。其中，非OPEC国家产量34.63亿吨，增加1.25亿吨，同比增长3.7%；OPEC国家产量为16.03亿吨，降低0.37亿吨，同比下降2.3%[6]。

● 美国、俄罗斯、沙特阿拉伯产量位居前三。美国全年产量10.9亿吨，同比增长7.9%；俄罗斯5.4亿吨，同比下降2.0%；沙特阿拉伯4.7亿吨，同比下降8.6%。

● 美洲国家是增产主体。北美洲石油产量增加0.9亿吨，增长6.7%；中南美洲产量增加0.3亿吨，增长9.9%，其中，巴西产量增长近13%，圭亚那增长46%。

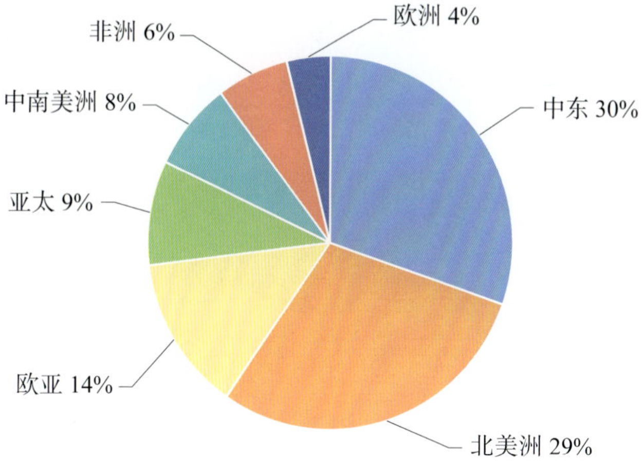

全球各地区石油产量分布

❶数据来自EIA的*Short-Term Energy Outlook*。石油包括原油、生物燃料及其他液体等。其他机构统计的全球石油产量：中国石油经研院为44.5亿吨，油气杂志为47.7亿吨，OPEC为50.7亿吨。

05 天然气产量保持稳定

2023年，全球天然气产量约4.1万亿立方米，同比增长0.3%。美国、俄罗斯、伊朗、中国为天然气主要生产国[7]。

● 美国和俄罗斯天然气产量合计1.7万亿立方米，占全球41%。其中，美国产量1.06万亿立方米，同比增长3.9%；俄罗斯产量0.64万亿立方米，同比下降4.8%。

● 全球LNG总产能达4.6亿吨/年，新增LNG液化产能1250万吨/年。

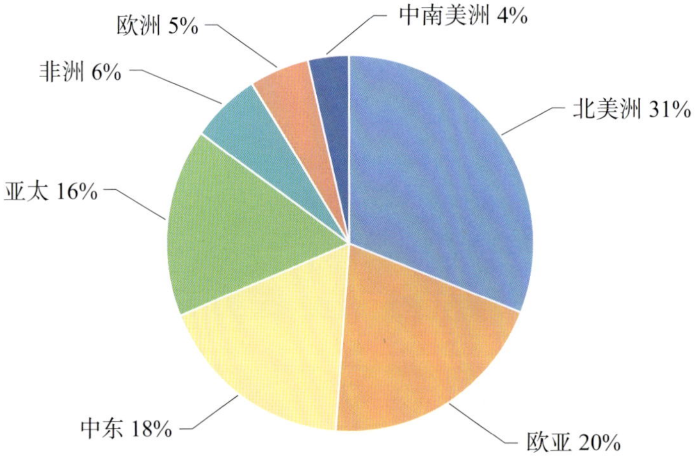

全球各地区天然气产量分布

06 石油消费显著增长

2023 年，全球石油消费 50.3 亿吨，同比增长 1.9%，消费量超过 2019 年水平。消费增长 0.92 亿吨，近 90% 增量来自非 OECD 国家。

- 亚太石油消费显著增长。消费量 18.5 亿吨，同比增长 3.2%。
- 北美洲石油消费量居第二。消费量 12.2 亿吨，同比增长 1.4%。其中，美国是全球最大石油消费国，消费量 10.1 亿吨，约占全球的 20%。
- 欧洲石油消费小幅下降。消费量 7.1 亿吨，同比下降 0.4%。

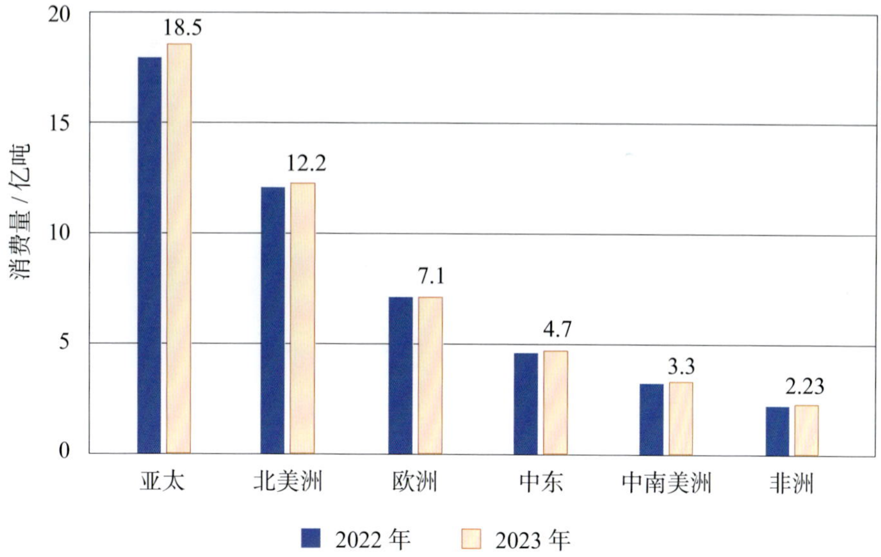

2022—2023 年全球主要地区石油消费量

07 天然气消费分化明显

2023年，全球天然气消费总量4.09万亿立方米，同比增长0.5%。北美洲、亚太和中东是主要消费地区。

- 北美洲天然气消费平稳增长。消费量11560亿立方米，同比增长1.0%。
- 欧洲天然气消费明显回落。消费量4880亿立方米，同比下降6.9%。LNG进口减少25亿立方米，同比下降1.5%。
- 亚太天然气消费止跌回升。消费量9010亿立方米，同比增长2.7%。受中国LNG需求增长推动，亚太LNG进口同比增长4.0%，增加140亿立方米。

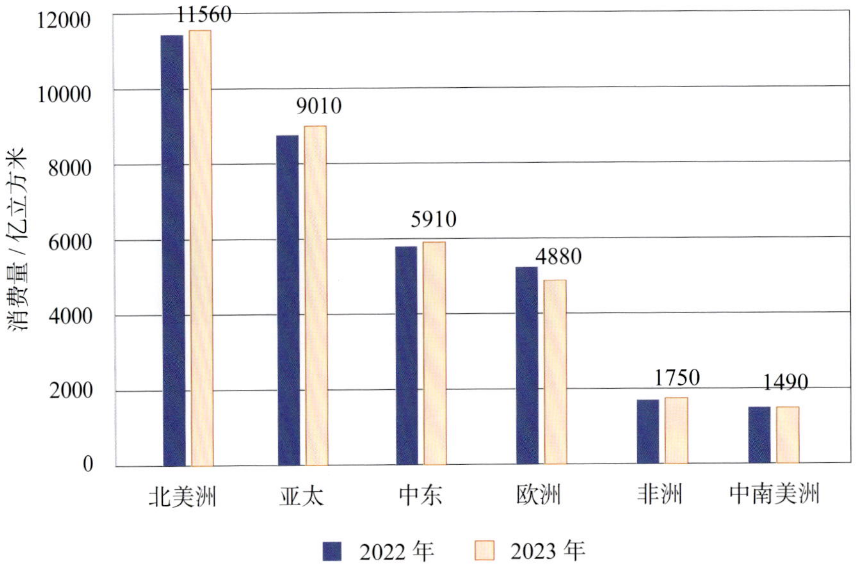

2022—2023年全球主要地区天然气消费量

08 国际油价中高位波动

2023 年，油价在 66~98 美元 / 桶[1]区间波动。布伦特、WTI 全年均价分别为 82.3 美元 / 桶、77.7 美元 / 桶，同比下降 16.9%、17.6%。

- OPEC +减产、美联储加息是影响 2023 年油价走势的两条主线。油价变动主要受供需和经济因素影响。
- 油价上涨的主要原因包括欧美采取措施化解金融风险、OPEC+ 超预期减产等。布伦特、WTI 最高价分别为 97.1 美元 / 桶、93.7 美元 / 桶。
- 油价下跌的主要原因是供给过剩、需求不足。非 OPEC 国家产量大增、欧美银行危机、美国连续加息导致油价出现 3 次较为明显的回落。布伦特、WTI 最低价分别为 71.0 美元 / 桶、66.6 美元 / 桶。

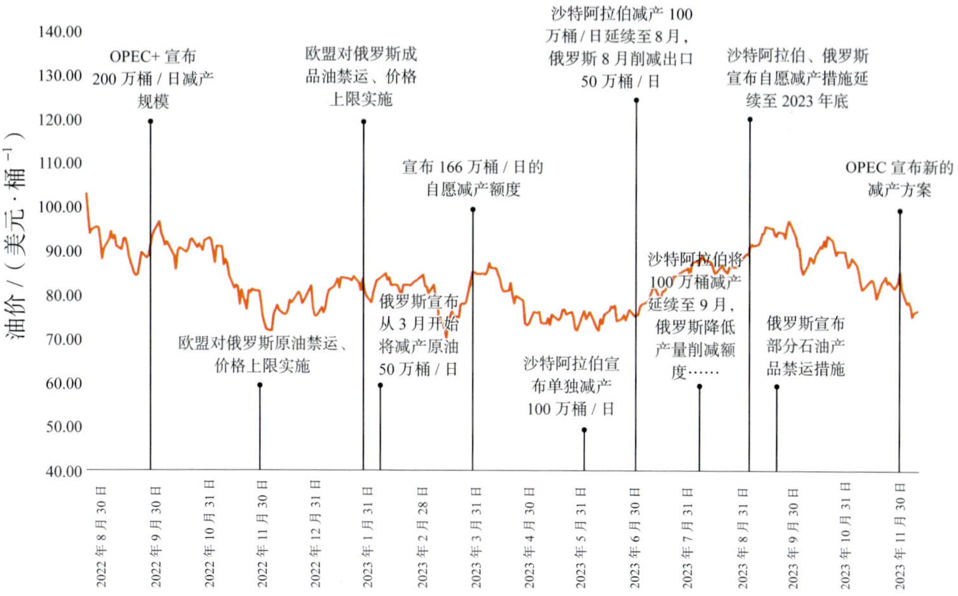

OPEC+ 2022 年 10 月以来宣布减产计划与油价变动情况

---

❶ 1 桶 =158.9881 升。

09 天然气价格大幅下降

2023 年，全球天然气价格较 2022 年大幅下降。美国 HH、荷兰 TTF 和日本 LNG 到岸价全年均价分别为 2.54 美元 / 百万英制热单位❶、13.1 美元 / 百万英制热单位和 14.4 美元 / 百万英制热单位，同比下降 60.1%、67.5% 和 21.9%[8]。

● 与2022年相比，全球天然气价格波动率显著下降，价格趋于平稳。

● 天然气价格上涨的主要原因是澳大利亚 LNG 工厂罢工、挪威气田检修等供应端突发事件。

● 天然气价格下降的主要原因是美国债务危机、油价走低，入冬后气候偏暖叠加需求疲软等。

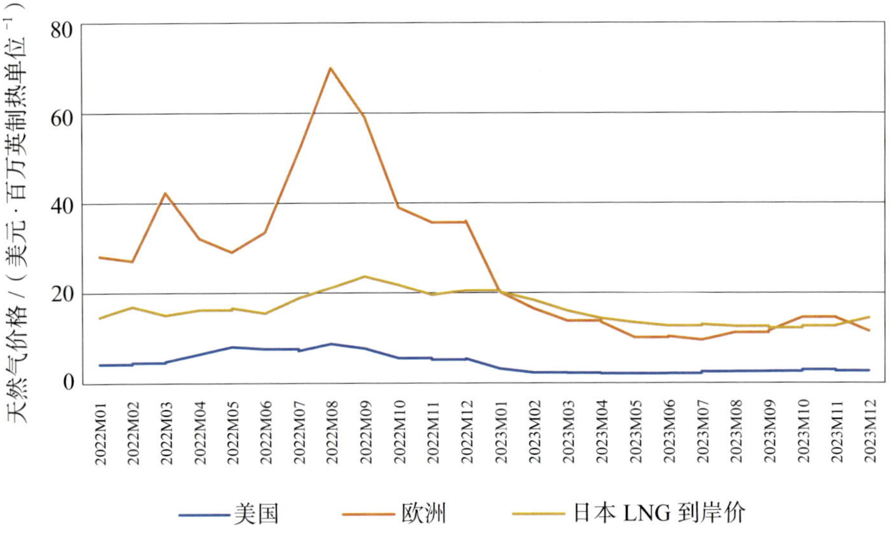

2022—2023 年全球天然气价格走势

❶ 1 英制热单位 =1055.056 焦耳。

10 油气超级并购集中涌现

全球油气并购交易持续升温，上游资产并购交易 27 宗，并购额超过 1400 亿美元，创下近 10 年来的新高。油气行业新一轮并购浪潮表明，大型油气企业仍然押注油气，尤其是看重优质页岩资产带来的丰厚收入[9]。

● 埃克森美孚公司以 645 亿美元收购先锋自然资源公司，为近 10 年内全球油气并购市场交易金额最高的并购活动。

● 雪佛龙公司以 600 亿美元全股收购美国油气生产商赫斯公司，进一步扩充了在圭亚那斯塔布鲁克区块的油气储备。

● 西方石油公司宣布以总价值 120 亿美元收购美国页岩油气公司皇冠岩石公司。

2023 年以来全球油气主要并购交易情况

公司	交易	公布日期	交易金额 亿美元
埃克森美孚公司	先锋自然资源公司	2023 年 10 月	645
雪佛龙公司	赫斯公司	2023 年 10 月	600
西方石油公司	皇冠岩石公司	2023 年 12 月	120
埃克森美孚公司	登伯里资源公司	2023 年 7 月	49
阿帕奇公司	Callon 石油公司	2024 年 1 月	45
康菲石油公司	道达尔能源公司 Surmont 项目 50% 的股份	2023 年 5 月	30
埃尼公司	海王星能源公司	2023 年 6 月	26

11 油气贸易格局深刻调整

俄乌冲突延续近两年，呈现间歇性冲突加剧特征，七国集团和欧盟对俄罗斯制裁不断加码，对全球油气贸易影响深远。

● 从贸易流向来看，俄罗斯原油主要出口中国、印度等亚洲国家，形成了一套独立的贸易、运输、保险、结算体系。欧洲原油进口则主要转向美洲和中东。

● 从市场份额来看 [10]，中东石油贸易份额不断收缩。原油出口量降至 10.42 亿吨，同比减少 0.17 亿吨，市场份额降至 48.8%，近 10 年来首次跌破 50%。

美国成为全球最大油气出口国。石油出口量首次突破 1.99 亿吨，占全球 9.4%；LNG 出口 1209 亿立方米，超过卡塔尔和澳大利亚，首次成为全球第一。

俄罗斯油气出口大幅下降。对欧洲的天然气出口量下降 55.6%，LNG 出口总量下降 6%。

专栏 1 美国油气行业的影响力快速提升

2023 年，美国石油产量 10.9 亿吨（原油产量 6.5 亿吨），天然气产量 1.06 万亿立方米，均跃居世界第一，LNG 出口 1209 亿立方米，成为全球第一大 LNG 出口国。

美国油气产量快速增长，一方面是由于页岩油气技术进步，另一方面是欧洲能源供应紧张推升了国际油气价格，使原本生产成本比较高的美国页岩油气加上长途运输费等成本卖到欧洲后仍然有暴利，刺激了美国油气行业的快速发展。

乌克兰危机爆发后，美国超过 60% 的 LNG 出口到了欧洲，已经取代俄罗斯成为欧盟主要供应者，美国从全球第三大油气生产国跃升成为第一大油气生产国，对全球能源供应格局产生了实质性的改变。

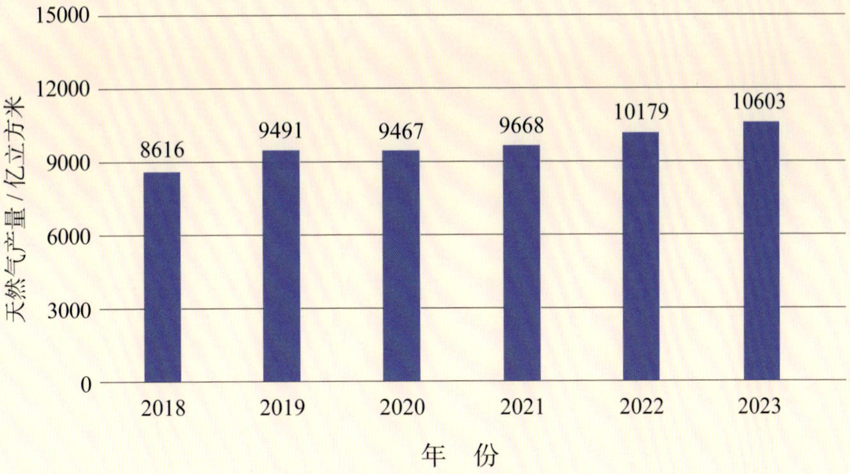

2018—2023 年美国天然气产量

（二）中国油气供需

12 能源生产总量稳步增长

2023 年，中国能源生产总量约 48.3 亿吨标准煤，同比增长 4.2%。规模以上工业煤油气电产量均保持增长，能源安全稳定供应能力进一步增强 [11]。

- 原煤产量 47.1 亿吨（32.2 亿吨标准煤），创历史新高，同比增长 3.4%。
- 原油产量 2.09 亿吨（3.0 亿吨标准煤），同比增长 2.1%。
- 天然气产量 2324.3 亿立方米（2.9 亿吨标准煤），同比增长 5.6%。
- 发电量 9.5 万亿千瓦时（11.6 亿吨标准煤），同比增长 6.9%。

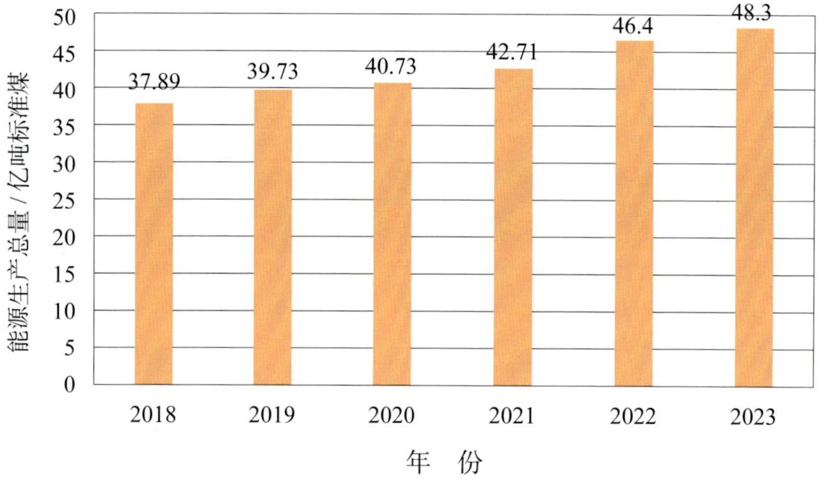

2018—2023 年中国能源生产总量

13 能源消费绿色转型加快

2023 年，中国能源消费总量达 57.2 亿吨标准煤，同比增长 5.7%。能源消费结构持续优化，煤炭、油气等化石能源消费占比持续下降，水电、核电、风电等非化石能源占比提高[12]。

● 煤炭消费量 31.6 亿吨标准煤，占能源消费总量的 55.2%，下降 0.8 个百分点。

● 石油消费量 10.5 亿吨标准煤，占能源消费总量的 18.4%，上升 0.4 个百分点。

● 天然气消费量 4.9 亿吨标准煤，占能源消费总量的 8.6%，上升 0.2 个百分点。

● 非化石能源消费量 10.2 亿吨标准煤，占能源消费总量的 17.8%，上升 0.2 个百分点。

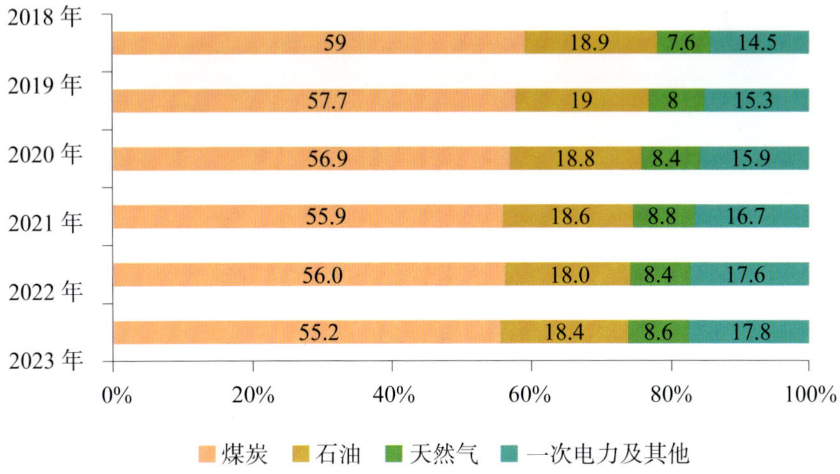

2018—2023 年中国能源消费结构占比

14 石油消费大幅增长

2023 年，国内经济复苏，石油消费大幅增长。全年原油表观消费量 7.72 亿吨，同比增长 8.5%；石油[1]表观消费量 7.57 亿吨；全年成品油（汽油、煤油、柴油）表观消费量 3.87 亿吨，同比增长 15.5%。

- 汽油表观消费量约 1.49 亿吨，同比增长 11.3%。
- 柴油表观消费量 2.04 亿吨，同比增长 12.3%。
- 煤油消费量 3423 万吨，同比增长 73.6%。

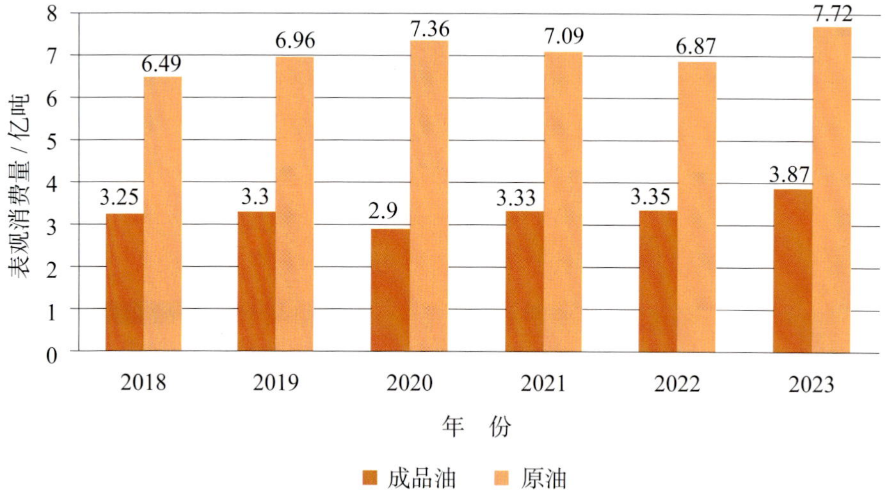

2018—2023 年中国原油表观消费量和成品油表观消费量

[1] 石油是指原油及油品合计。

15 天然气消费恢复性增长

2023年，用气需求增长，叠加气价下跌，国内天然气需求明显反弹，全年天然气表观消费量3945亿立方米，同比增长7.6%。

- 从用途看，城市燃气和工业燃料占比之和超七成。其中，城市燃气用气占总用气量的32.6%，工业燃料用气占比39.4%，发电用气占比18.1%，化工用气占比9.9%。

- 从区域看，华东、华北以及华南占总表观消费量60%以上，广东、江苏、四川、山东和河北表观消费量位居前5。

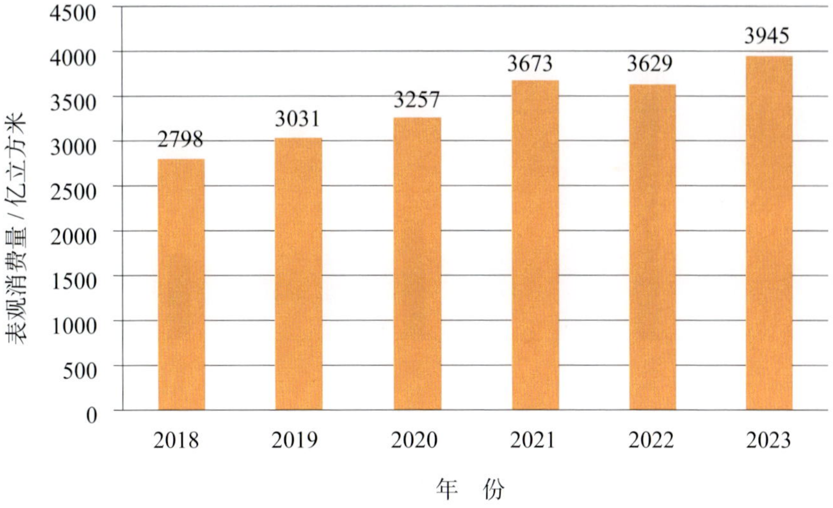

2018—2023年中国天然气表观消费量

16 原油进口量创历史新高

2023 年，中国进口原油 5.64 亿吨，同比增长 11%，对外依存度攀升至 72.9%；进口金额 3374.9 亿美元，同比下降 7.7%[13]。

- 从进口集中度看，主要来自俄罗斯、中东和非洲、南美等 49 个国家和地区，排名前 10 的国家进口总量合计占 87.8%。
- 从进口来源国看，俄罗斯超过沙特阿拉伯成为中国进口原油第一大来源国，两国进口量占总量的 34%。其中，进口俄罗斯原油 1.07 亿吨，同比增加 24%；进口沙特阿拉伯原油 0.86 亿吨，同比增长 1.7%。

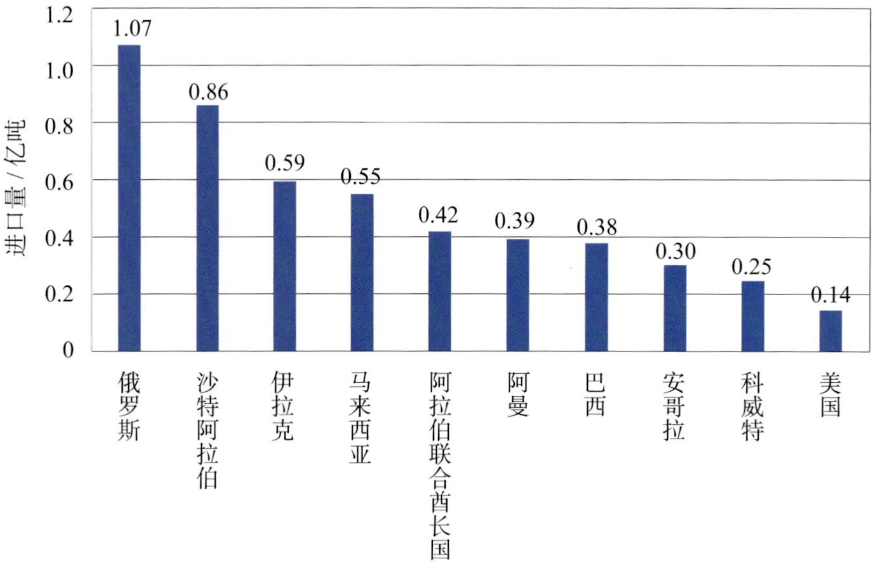

2023 年中国原油进口十大来源国

17 天然气进口量快速增长

2023年，中国进口天然气1657亿立方米，仅次于2021年进口1675亿立方米，同比增长9.9%，对外依存度41.2%；进口金额634.4亿美元，同比下降8.1%。

● 从进口来源国看，LNG主要来自21个国家，澳大利亚、卡塔尔、俄罗斯、马来西亚、印度尼西亚位列前5，合计占84%；管道气主要来自土库曼斯坦、俄罗斯、缅甸、哈萨克斯坦和乌兹别克斯坦5个国家，其中土库曼斯坦和俄罗斯交易金额合计占83%。

● 从进口方式看，管道气进口673亿立方米，同比增长6.2%，占进口总量的40.6%；LNG进口984亿立方米，同比增长12.6%，超越日本成为全球最大LNG进口国。

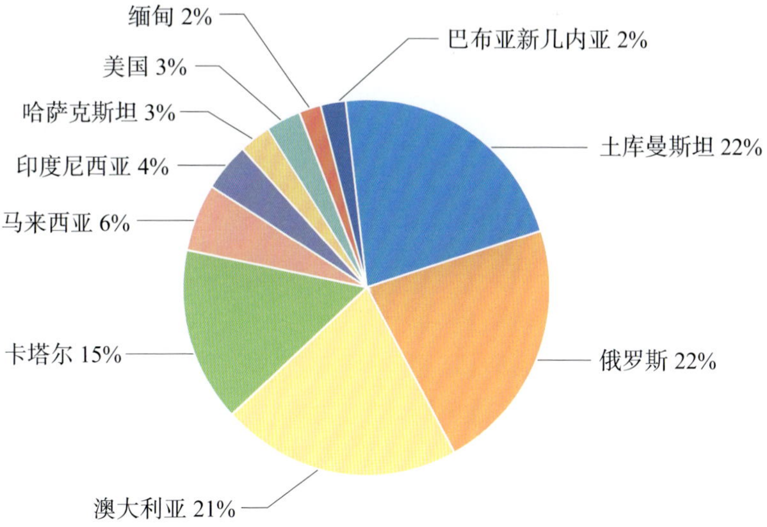

2023年中国天然气进口十大来源国

18 油气管道里程稳步增长

2022 年，中国长输油气管网总里程约 18.0 万千米，其中，原油管道 2.8 万千米，成品油管道 3.2 万千米，天然气管道总里程 12.0 万千米[14]。2023 年，中国新建主干油气管道里程突破 3300 千米。

● 西北、东北、西南及海上四大油气进口通道进一步巩固。原油进口管道总设计进口能力 7200 万吨 / 年，天然气进口管道总设计进口能力 1100 亿立方米 / 年。2023 年，管道进口原油约 4650 万吨，进口天然气约 670 亿立方米。

● 初步形成“西气东输、川气东送、南气北上、俄气南下、海气登陆”的多气源、多通道互联互通的供气格局。川气东送二线管道正式开工建设，中俄东线、西气东输一线、川气东送一线、青宁管道、苏皖管道 5 条天然气主干管道在江苏境内全面实现互联互通。

19 储气设施建设有序推进

2023年，全国在役储气库（群）29座，形成储气调峰能力230亿立方米[15]。西气东输文23储气库顺利完成10亿立方米注气量，西南地区首座储气库——相国寺储气库首次达到45亿立方米满库容。累计投运LNG接收站28座，总接收能力1.1亿吨/年[16]。

● 从经营主体看，中国石油、中国石化、国家管网占主导。中国石油储气库设计库容374亿立方米，中国石化设计库容207亿立方米，国家管网设计库容155亿立方米[16]。

● 从区域分布看，储气库建库地域分布不均，主要集中在华北地区和长江经济带，天津、湖北、江苏、河南等地储气库数量位居前列。

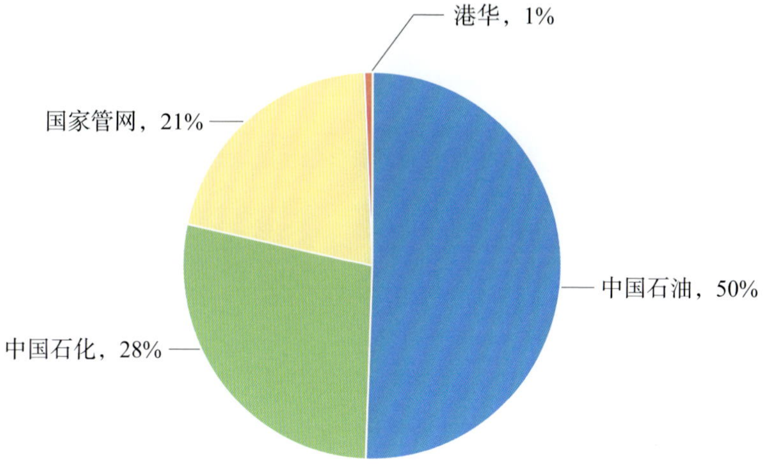

主要企业地下储气库（群）设计库容占比

20 原油加工量保持增长

2023年，全国原油加工量7.35亿吨，同比增长9.3%。原油一次加工总能力为9.49亿吨/年[17]。通过落后产能淘汰、整合，国内一次装置平均炼油规模达641万吨/年，与世界平均水平770万吨/年的差距进一步缩小[18]。

成品油（汽油、煤油、柴油）产量4.28亿吨，同比增长16.4%。其中，汽油产量1.61亿吨，同比增长10.1%；柴油产量2.17亿吨，同比增长13.3%；煤油产量0.50亿吨，同比增长68.3%。成品油出口量0.42亿吨，同比增长21.8%。

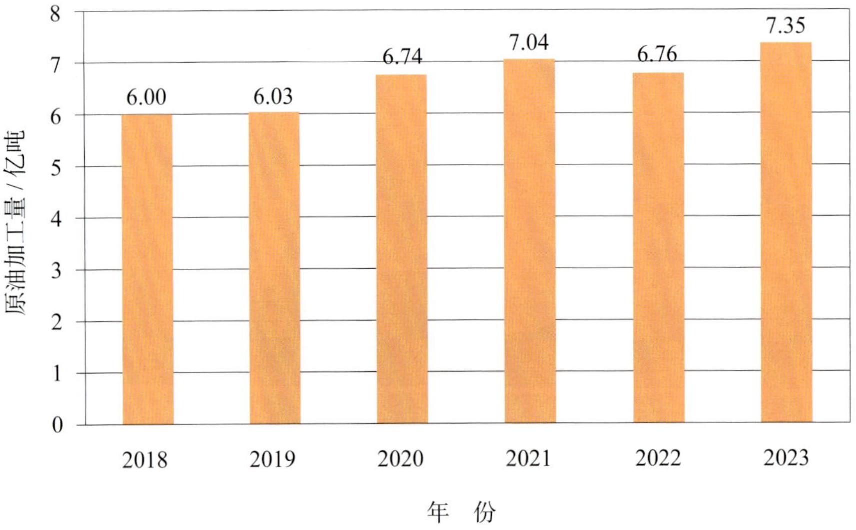

2018—2023年中国原油加工量走势

21 炼油主体多元化发展

中国已形成以中国石化、中国石油为主，中国海油、中国中化、独立炼厂等为辅的多元化市场竞争格局，布局呈现东部为主、中西部为辅的梯次分布。2023 年中国石化和中国石油炼油能力合计超过 5 亿吨 / 年，位居炼油行业龙头地位。

- 从炼化主体看，全国千万吨及以上炼油能力的 36 家，占全国炼油总能力的 55.8%。中国石化、中国石油、中国海油、中国中化占全国炼油总能力的 66.2%，民营企业占 29.3%，其他经营主体占 4.5%。
- 从炼化布局看，华东、东北、华南三大炼油集中地合计炼油能力占总能力 70% 以上，山东炼油能力接近中国炼油总能力的 1/4。

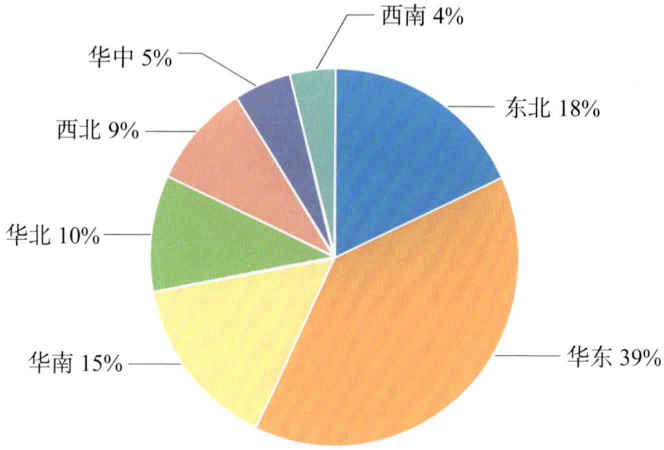

2023 年中国炼厂原油一次加工能力地区分布

二 勘查开采

2023年，全国油气勘查开采投资创历史最高，探井工作量稳中有增，油气找矿在“四新”领域取得新进展，油气探明地质储量持续高位增长，产能建设稳步推进，石油产量连续第二年再上2亿吨，天然气产量近2300亿立方米。

- **勘查开采力度加大，投资创历年最高水平**
- **找矿突破深入推进，“两深一非”获多项重要成果**
- **探明地质储量高位增长，油气产量稳中有升**
- **产能建设稳步推进，国内油气保障能力持续增强**

（一）勘查开采投入

22 勘查投资连续 3 年稳步增长

2023 年全国油气勘查投资 903.91 亿元，同比增长 10.0%，创历史新高。其中，公益性地质调查投资 5.91 亿元，增加 0.85 亿元；石油企业油气勘查投资 898 亿元，增加 81 亿元[19]。

● 从投资主体看：中国石油占 51.2%，中国石化占 26.3%，中国海油占 17.2%，其他占 5.3%。

● 从资源类型看：石油占 53.0%，天然气占 40.7%，页岩气占 4.1%，煤层气占 1.9%，其他占 0.3%。

● 从海陆分布看：陆上占 82.8%，海域占 17.2%。

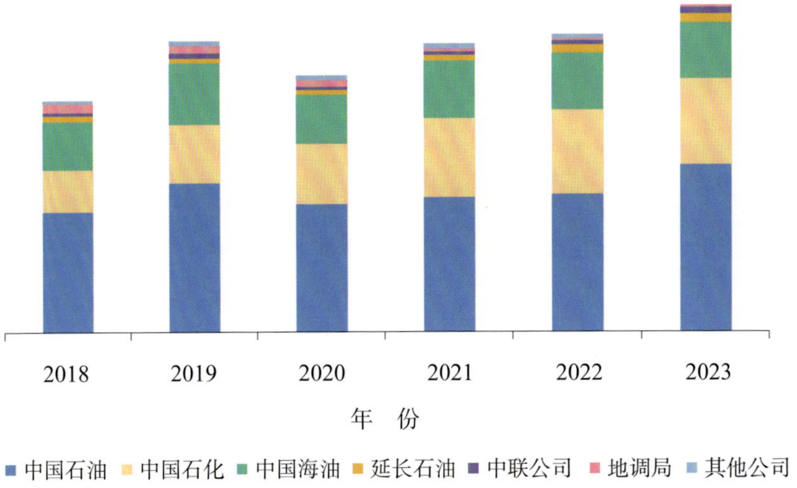

2018—2023 年全国油气勘查投资示意图

23 开采投资突破 3000 亿元

2023 年全国油气开采投资 3007 亿元，同比增长 6.5%，达历史最高水平 [20]。

- 从投资主体看：中国石油占 52.5%，中国石化占 17.1%，中国海油占 24.1%，其他占 6.3%。
- 从资源类型看：石油占 62.6%，天然气占 28.4%，页岩气占 6.6%，煤层气占 2.4%。
- 从海陆分布看：陆上占 75.9%，海域占 24.1%。

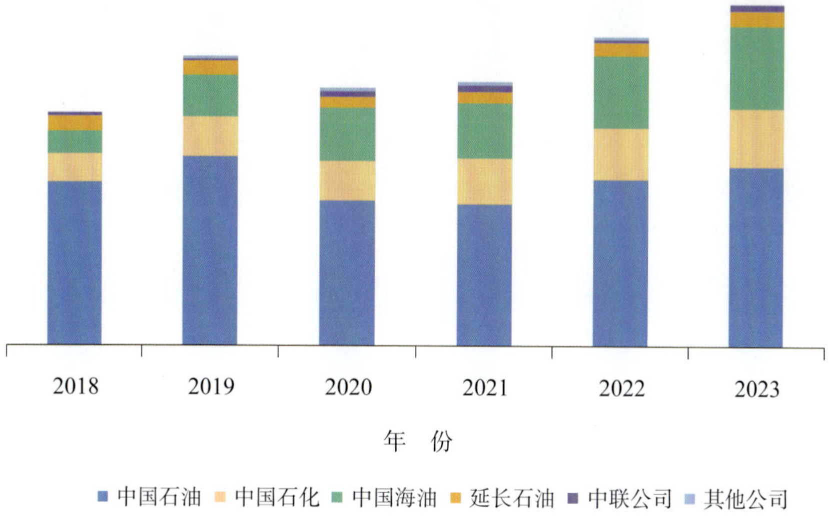

2018—2023 年度全国油气开采投资示意图

24 探井进尺增长超 10%

2023 年全国完钻探井 2676 口、进尺 850 万米，同比分别增长 10.9%、10.3%。近年来探井工作量稳中有增，平均单井进尺呈加深趋势。

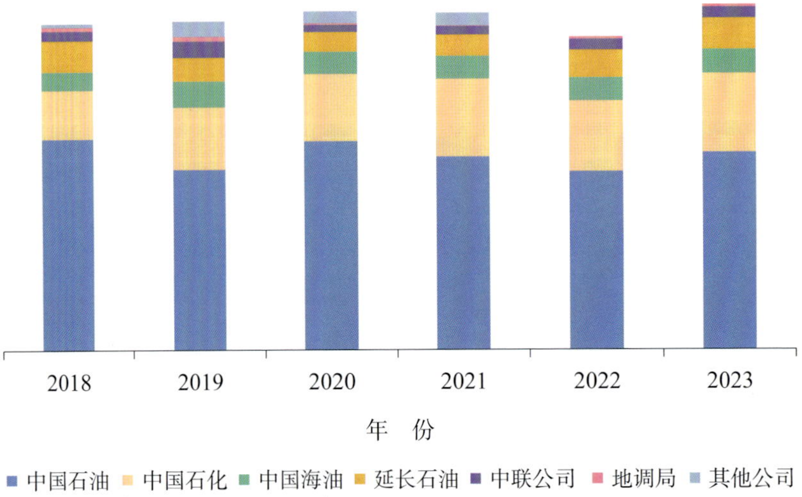

2018—2023 年全国油气探井进尺示意图

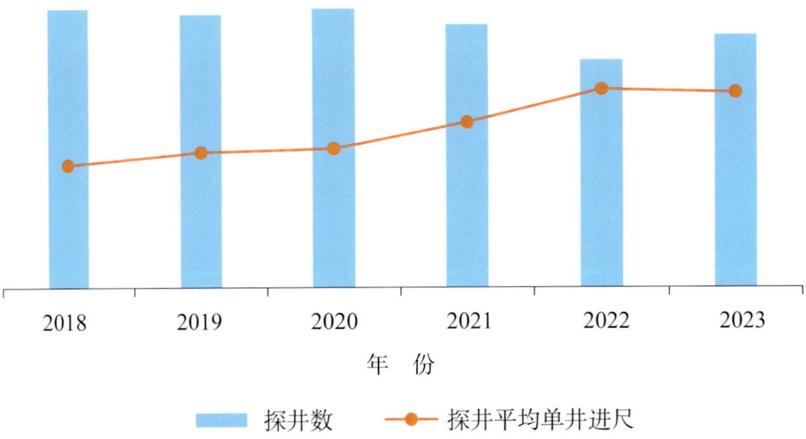

2018—2023 年全国油气探井数及平均单井进尺示意图

25 开发井进尺下降近 5%

2023 年全国完钻开发井 1.66 万口、进尺 4154 万米，同比分别下降 10.1%、4.6%。平均单井进尺呈加深趋势。

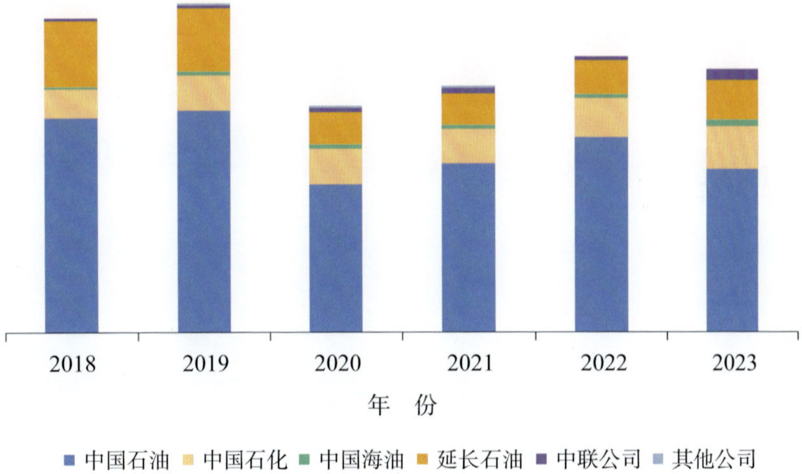

2018—2023 年全国油气开发井进尺示意图

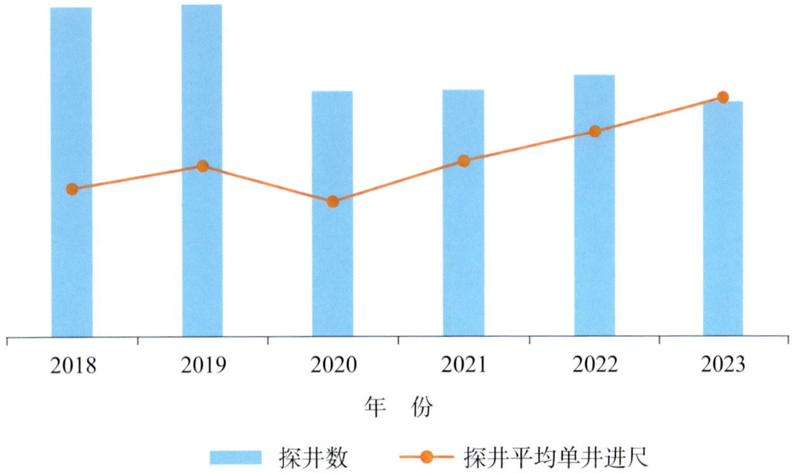

2018—2023 年全国油气开发井数及平均单井进尺示意图

专栏 2 油气勘探步入万米时代

近年来，塔里木盆地、四川盆地陆续发现了多个深层–超深层海相碳酸盐岩大型气田。2023 年 2 月，四川盆地蓬莱气区蓬深 6 井完井，井深达到 9026 米，打破了亚洲最深直井纪录。3 月，塔里木盆地顺北 84 斜井完钻垂深 8937 米，刷新亚洲垂深近 9000 米的最深千吨井记录。

5 月 30 日，中国石油在塔里木阿克苏地区沙雅县境内开钻我国首口万米科学探索井塔科 1 井，设计井深 11100 米。

深地塔科 1 井

7 月 20 日，中国石油西南油气田在四川广元市剑阁县姚家镇开钻深地川科 1 井，设计井深 10520 米。

“万米双子星”同时在钻，标志着我国钻探能力正式开启“万米时代”，将为我国未来深地科学研究和超深层油气资源勘查开采提供重要支撑。

深地川科 1 井

（二）油气找矿突破

26 陆上大盆地找矿获得重大发现

陆上大盆地仍然是油气勘探开发的主战场，陆上深层－超深层已成为我国油气勘探的主要领域之一。

● 塔里木盆地：塔北隆起寒武系风险勘探获得重大突破，发现亿吨级整装凝析气藏；顺北中部、富满东部断溶体超深油气勘探取得重大进展；库车坳陷天然气勘探取得新层系重大战略突破。

● 四川盆地：德阳－安岳裂陷槽西侧灯影组台缘带首次获天然气勘探重大突破；开江－梁平海槽东侧和蓬溪－武胜地区二叠系—三叠系礁滩再获高产气田。川西合兴场须二段新类型致密气勘探取得重大突破，合兴场气田新增探明地质储量 1330 亿立方米[21]。

● 鄂尔多斯盆地：天环坳陷洪德地区石油勘探获得重要发现，陇东地区长 82 石油勘探取得重要进展。

● 松辽盆地：长岭断陷新区勘探取得重大突破。

27 海域油气发现助推快速增储上产

海域油气勘探持续发力，深水、深层、隐蔽油气藏等勘探新领域连获新突破。

- 渤海海域：渤中 26–6 隐蔽型潜山扩展勘探获重大突破，累计探明油气储量超 2 亿立方米[22]；浅层秦皇岛 27–3 油田明下段测试喜获高产，探明石油地质储量 1.04 亿吨[23]。
- 珠江口盆地：开平南首次获得深水、深层亿吨级油田重大发现[24]。
- 北部湾盆地：涠洲 11–6“常 + 非”一体化钻探，获得涠洲 11–6 大中型油田发现。
- 琼东南盆地：6 口井在地层埋深 200 米左右的浅层乐东组获工业气流。

28 非常规油气勘探取得多项新突破

2023年，页岩油勘探取得新发现，页岩气勘探迈进深层新层系，鄂尔多斯盆地深层煤层气勘探取得重大突破。

- 页岩油：松辽盆地大庆古龙、渤海湾盆地济阳利津洼陷和苏北盆地的页岩油勘探取得重大突破。四川盆地重庆梁平区兴页9井试获高产油气流。

- 页岩气：四川盆地普光二叠系大隆组海相深层、寒武系筇竹寺组深层和鄂西–渝东红星地区二叠系茅口组页岩气勘探获重大突破。

- 深层煤层气：鄂东地区多口井获工业气流，在大吉–石楼地区新增探明地质储量1108亿立方米，纳林河–米脂北地区落实探明地质储量超千亿立方米[25]。神府地区发现了探明地质储量超千亿立方米的神府深层煤层气田[26]。大牛地气田阳煤1HF井在深层获日产煤层气10.4万立方米。

（三）油气增储上产

29 油气探明储量高位增长

2023 年，全国石油新增探明地质储量 12.7 亿吨，新增技术可采储量 2.2 亿吨[19]，替代率连续 4 年大于 1。天然气新增探明地质储量 9812 亿立方米，新增技术可采储量 4155 亿立方米[19]，替代率继续保持在 2 以上❶。

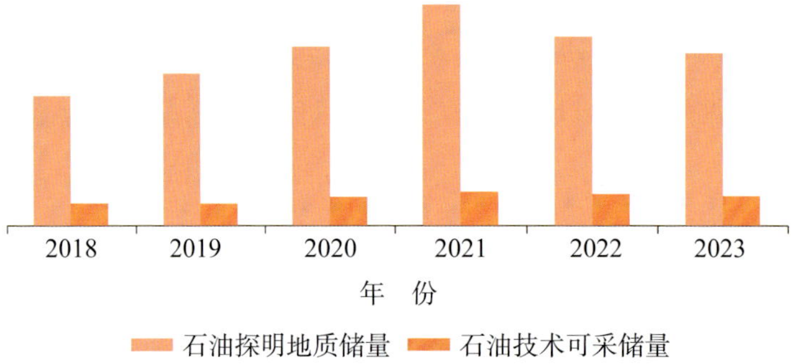

2018—2023 全国石油新增探明储量示意图

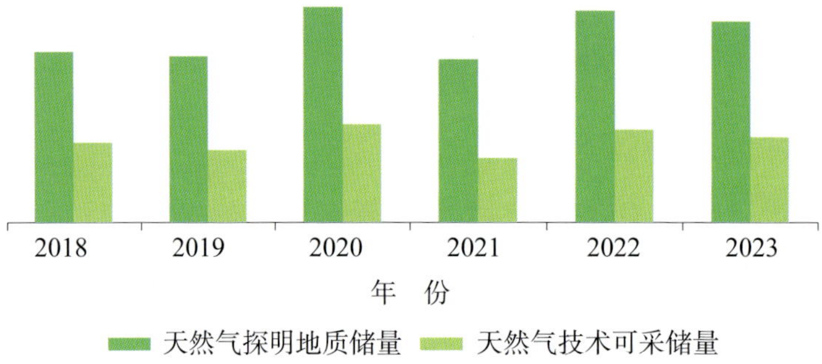

2018—2023 年全国天然气新增探明储量示意图

❶为常规天然气，不含页岩气和煤层气。

30 石油产量达到 2.09 亿吨

2023 年，全国石油产量 2.09 亿吨，同比增加约 420 万吨。

● 东部老油区保持原油产量稳定。大庆油田连续 9 年实现稳产 3000 万吨，胜利油田连续 7 年稳产 2340 万吨以上。

● 西部深层 – 超深层油气产量创新高。富满油田油气年产量突破 400 万吨大关。“深地一号”顺北油气田油气产量当量达 301.32 万吨。

● 海洋原油上产势头强劲。原油年产量突破 5500 万吨，同比增产 341 万吨，连续 4 年占全国石油增量的 60% 以上。渤海油田原油产量超 3400 万吨。南海东部油田首次实现 2000 万吨油气当量。

● 页岩油产量突破 400 万吨。新疆吉木萨尔、胜利济阳、大庆古龙、长庆油田长 7 页岩油开发效果显著。2023 年新建页岩油产能 155 万吨。

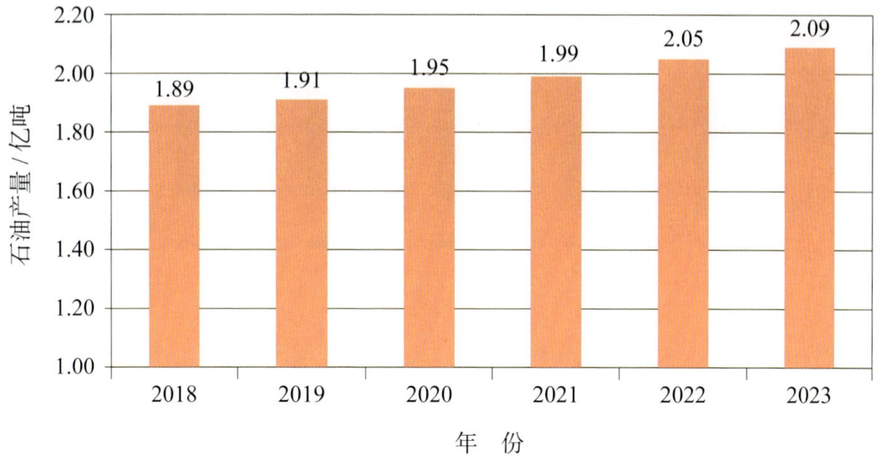

2018—2023 年全国石油产量统计图

31 天然气产量接近 2300 亿立方米

2023 年，全国天然气产量 2297 亿立方米（含页岩气、煤层气），同比增长 5.8%，连续 7 年增长超 100 亿立方米。

- 中国石油西南油气田天然气产量突破 400 亿立方米。
- 中国石油长庆油田天然气产量 458 亿立方米，油气当量连续 4 年超过 6000 万吨。苏里格气田天然气产量连续两年突破 300 亿立方米。
- 中国石油塔里木油田天然气产量 326 亿立方米，油气当量达 3353 万吨，连续 4 年超 3000 万吨。

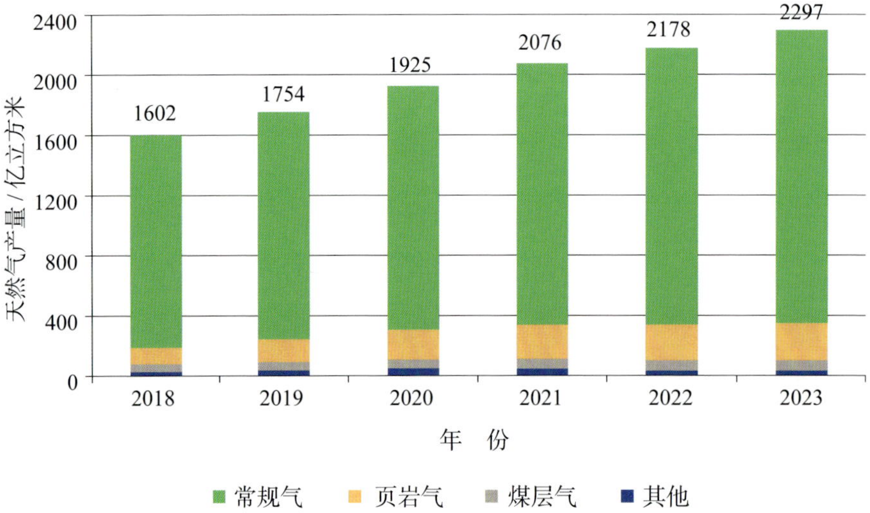

2018—2023 年全国天然气产量统计图

32 页岩气产量超 250 亿立方米

2023 年，全国页岩气产量 251 亿立方米，同比增长 4.8%。

● 中国石油川南页岩气产量再超 100 亿立方米。西南油气田公司页岩气产量超 128 亿立方米，其中长宁－威远页岩气田全年稳产超 95 亿立方米。

● 中国石化页岩气 100 亿立方米产量保持稳定。积极推进涪陵气田立体开发调整，滚动推进常压、深层复杂构造区页岩气效益建产，涪陵页岩气田产量超 85 亿立方米。

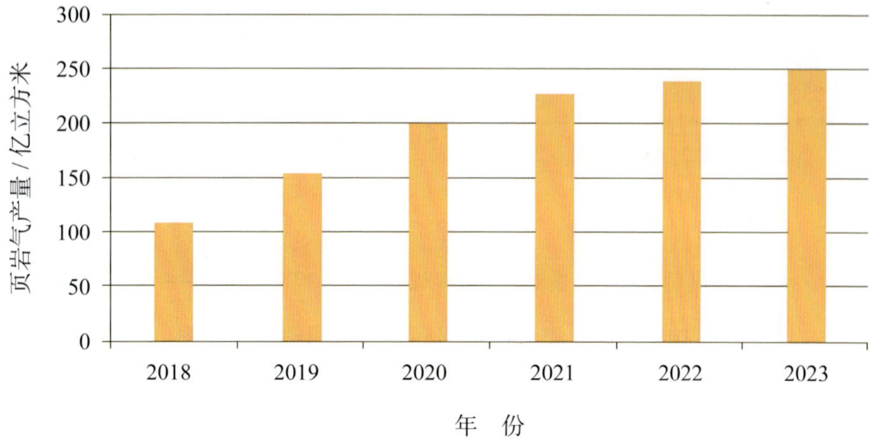

2018—2023 年全国页岩气产量统计图

33 煤层气产量接近140亿立方米

2023年，全国煤层气新增探明地质储量3179亿立方米（其中深层煤层气2484亿立方米），新增技术可采储量1613亿立方米（其中深层煤层气1200亿立方米），新增探明地质储量近10年来首次超过1000亿立方米[19]。

2023年，全国煤层气产量139.4亿立方米，同比增长18%，主要来源于山西、陕西等省区[27]。

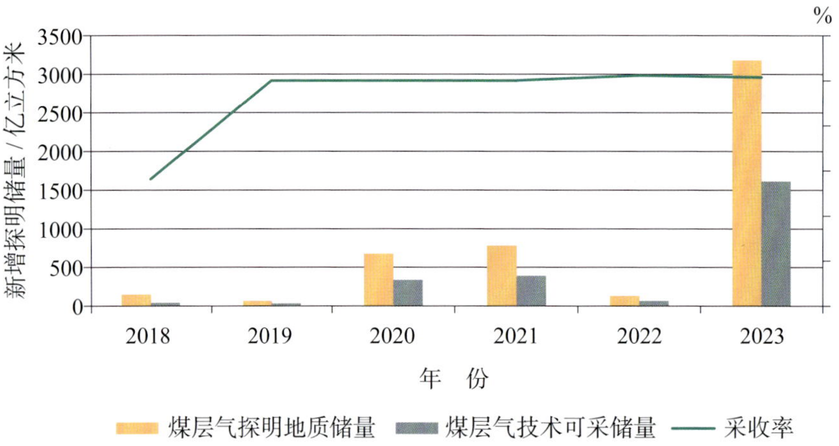

2018—2023年全国煤层气新增探明储量统计图

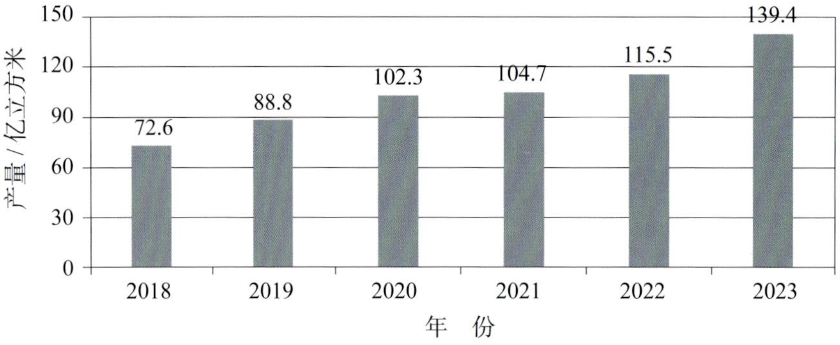

2018—2023年全国煤层气产量统计图

34 油气产能建设快速推进

2023 年，全国石油新建产能超 2200 万吨 / 年，同比增长 3.6%。天然气新建产能近 380 亿立方米 / 年，同比增长 11.9%。近五年来全国平均新建产能原油保持在 2000 万吨 / 年以上、天然气保持在 300 亿立方米 / 年以上的较高水平。

主要油气产能建设基地包括：

- 常规石油：准噶尔玛湖、塔里木富满、河套巴彦等。
- 常规天然气：鄂尔多斯苏里格、靖边、神木，四川天府，塔里木博孜 – 大北等。
- 页岩油：准噶尔吉木萨尔、鄂尔多斯庆城、渤海湾济阳等。
- 页岩气：四川长宁、威远、泸州、涪陵等。
- 煤层气：大宁 – 吉县等。

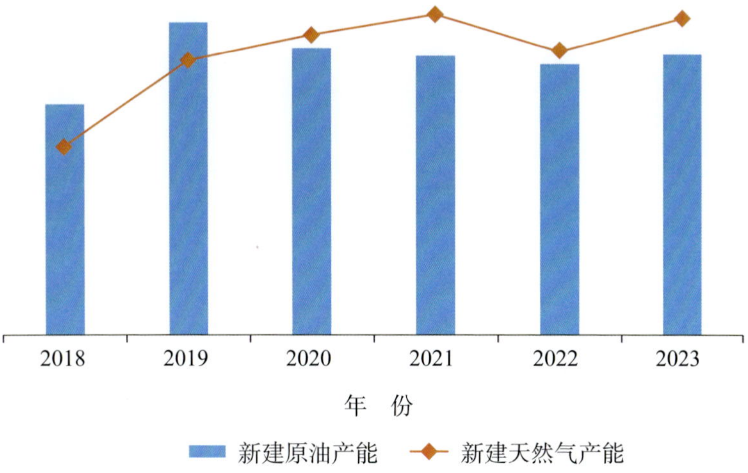

2018—2023 年全国油气新建产能示意图

三 理论技术装备

2023 年，油气地质理论研究不断深化，勘探开发技术装备创新发展。海底节点地震采集、超深特深井钻井、旋转导向等一大批技术先进、高效可靠的国产油气技术装备得到推广应用，关键核心装备国产化、自动化、智能化快速发展，为我国深层、深水、非常规等油气勘探开发提供了有力保障。

- **油气成藏理论不断完善，推动勘探领域不断扩展**
- **勘探钻井技术攻关引领，支撑多个领域勘探突破**
- **开采关键技术配套完善，提升资源有效动用水平**
- **技术装备绿色低碳转型，关键装备实现国产替代**

（一）理论创新

35 完善超深断控缝洞型油气富集规律

完善超深断控缝洞型油气富集规律研究，支撑塔里木顺北油气田连续突破。2023 年断裂带间新领域顺深 1 斜井获千吨高产油气，发现了四条千万吨级次级断裂带。

● 由“西部”向“东部”探索。自西向东，裂缝型储层更发育、气柱高度更高。

● 由“浅部”向“深部”部署。东部表层油气藏分割性强，深部缝网体系更发育、连通性更强。

● 由“断裂”向“断间”评价。打破以往断裂带间富集程度弱的认识，主干断裂带间二级、次级断裂成为石油增储主阵地。

36 创建叠合盆地双源汇聚成藏模式

创新建立“海相内幕早期垂向聚集，陆相潜山晚期横向运聚”双源汇聚成藏模式，明确“内幕找海相，潜山找陆相”勘探思路，瞄准塔北西部下古生界白云岩领域部署风险探井，寒武系油气勘探获重大发现、突破。

- 库车南斜坡托探1井获重要发现。通过地质研究和地震攻关，落实前中生界潜山成排成带分布特征，上寒武统测试获工业气流，证实多目的层潜山成藏条件优越。

- 雄探1井获海相油气重大突破。首次在塔里木盆地上寒武统白云岩发现海相油气，海相油气勘探范围向西大大扩展，发现一个亿吨级整装凝析气藏。

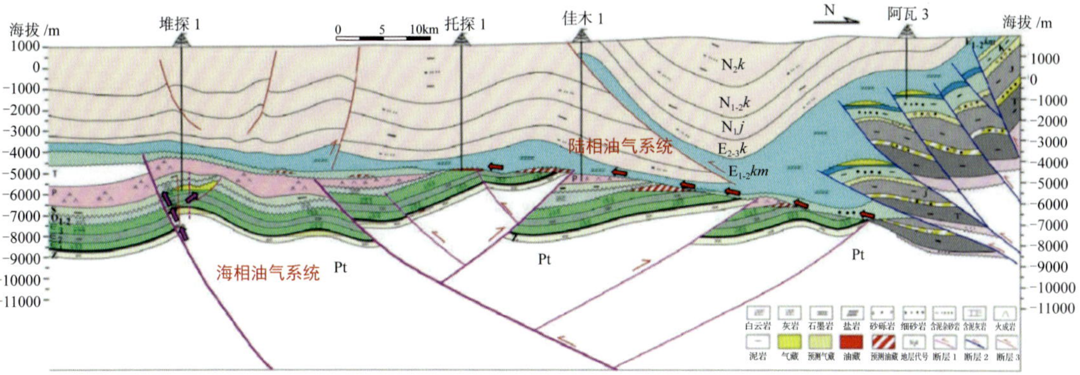

塔北西部古生界南北向成藏剖面图

37 形成深层煤层气富集理论新认识

创新形成深层煤层气富集理论，推动鄂尔多斯盆地 8 号煤深层煤层气勘探取得重大进展，形成鄂东地区深层煤层气万亿立方米大气区。

● 提出成藏富集模式。系统开展鄂尔多斯盆地石炭－二叠系“八古”基础地质研究，揭示了深层煤层气具有“高含气、高饱和、富含游离气”的独特赋存特征和产出机理，提出了“广发育、富生烃、自封闭、强保存、微调整”成藏富集模式，奠定了勘探开发理论基础。

● 创新双重赋存认识。突破“煤层以吸附气为主的单一赋存状态”传统认识，创新形成深层煤层气“吸附气＋游离气”双重赋存认识，深部 8 号煤含气饱和度较高，总含气量和游离气随埋深增加呈先增大后减小的趋势，游离气占比平均 20%~25%，峰值位于 2500 米左右。

38 持续深化页岩气成藏和富集理论

四川盆地页岩气向深层发展，形成并不断完善页岩气“三古”控藏理论、“三控”富集理论。2023 年，聚焦深水陆棚沉积，深化页岩沉积特征和构造保存条件研究，加大新层系页岩气富集规律研究和关键技术攻关，多个层系勘探获得重大突破。

- “三古”控藏理论。古地理控制优质页岩展布，古高带控制原油富集，古埋深控制热成熟度，古高带和现今高带均是有利富集区域。
- “三控”富集理论。沉积－成岩作用控储、保存条件控藏、I 类储层连续的厚度控产，深水陆棚沉积的 I 类储层的连续厚度是高产的基础。
- 新层系获重大突破。威远地区德阳－安岳裂陷槽资 201 井寒武系筇竹寺组勘探获重大突破，普光地区开江－梁平海槽雷页 1HF 井二叠系大隆组勘探获重大突破。

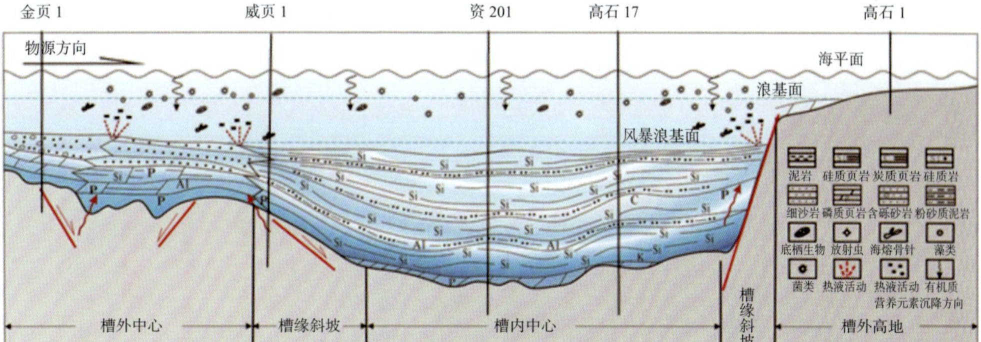

威远地区筇竹寺组沉积模式图

39 发展完善海域潜山油气成藏规律

在渤海走滑带基岩中发现了韧性剪切作用形成的中温－高压型糜棱岩具有良好封堵效应，建立了负向隐蔽型潜山成藏模式，提出了变质岩潜山下找油田新思路，指导了渤中 26-6 油田大发现。

- 揭示形成机制。克拉通双幕破坏主导下多期岩浆活动与先存潜山交织叠置，形成多岩类大型复合潜山群。
- 建立储层发育模式。揭示早期先存断裂与晚期走滑断裂多期作用控制的潜山规模储层成因机制，建立了“优势岩相－多期断裂”耦合控制的复合潜山大型溶－缝带成储机理。
- 建立差异富集机制。揭示大型复合潜山基底韧性剪切糜棱岩带形成机制，阐明了潜山内幕断层差异封隔作用，建立了“窄窗强注、多径运移、韧剪侧封”的复合潜山油气差异富集机制。

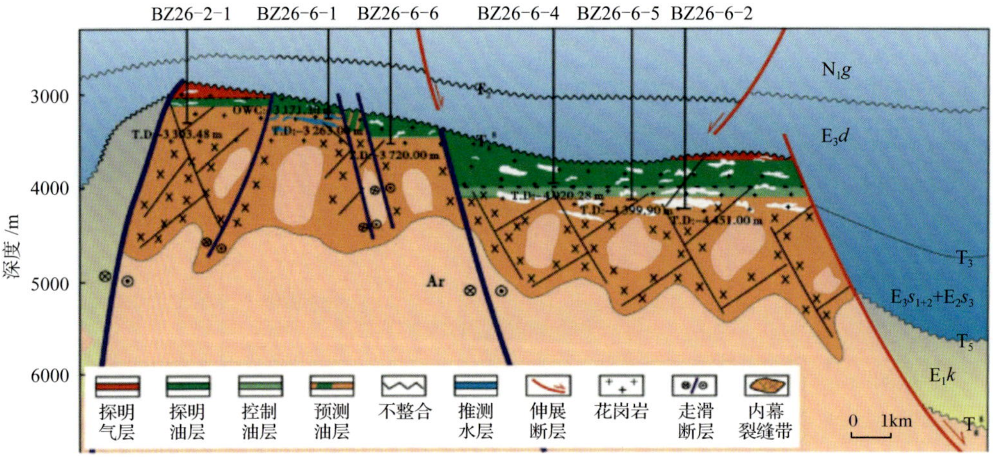

渤海负向隐蔽型潜山成藏模式

40 攻关提出深水深层油气地质新认识

持续攻关深水、深层，提出凹陷结构新认识，创新生烃机制，建立成藏模式，明确富集规律，珠江口盆地开平凹陷获第一口原油测试千吨井，实现南海深水、深层首个亿吨级油气重大发现。

● 提出结构新认识。系统分析中－下地壳构造变形机制，提出开平凹陷是受到北部拆离断层控制的、北断南超的“拆离－核杂岩”型凹陷新认识。

● 创新生烃机制。提出开平凹陷经历“早断陷－中拆离－晚断拗”裂陷演化过程，创新“拆离控盆－早洼晚坡－高温增热”耦合强生烃机制，大幅扩展优质湖相烃源岩面积。

● 建立成藏模式。建立“源－脊－断－盖”四元联控成藏模式，明确开平南带油气富集规律，聚焦四大油气汇聚脊，开展高效集束评价，部署钻探开平 18-1 构造勘探获重大突破。

专栏3 全油气系统理论成为研究热点

全油气系统理论，指相互关联的源岩层所形成的油气、油气藏、油气资源及其地质条件形成演化过程构成的自然系统，阐述了多类别油气资源联合共存的基本特征、形成机制和分布规律，建立了常规和非常规油气藏联合成因模式。

全油气系统常规和非常规油气藏有序分布的基本模式：在下部形成页岩类油气资源（S）—向上形成了与其紧密接触或交互叠置的致密类油气资源（T）—再向上形成了与它们分离开来的常规油气资源（C），在地表附近还可能形成异常改造类（A）稠油沥青和天然气水合物。

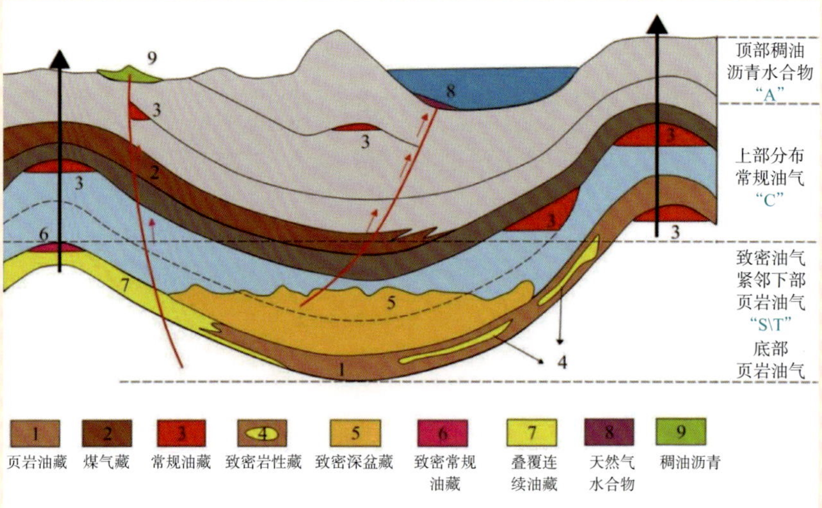

常规和非常规油气藏纵向分布基本模式

（二）技术进步

41 地震采集处理技术保持领先

我国物探技术领域处于世界领先水平，近年不断推动先进技术的升级完善与规模应用，助力复杂区、深层、深水、非常规等领域勘探突破。

● 陆上复杂区地震勘探技术规模应用。持续开展地震采集处理解释技术一体化攻关，“两宽一高”地震采集技术、逆时偏移（RTM）成像技术、全波形反演（FWI）成像技术等成为精细勘探的有效手段。

● 海上地震采集处理技术创新发展[28]。针对渤海油田超深层研发超低频全方位混叠高效地震采集处理技术，为中国海油深层/超深层勘探提供有力支撑；创新拖缆双船“深浅组合+接力式”采集模式，拓展了拖缆地震采集技术体系。

● 地震数据处理解释软件升级完善。中国石油东方物探 GeoEast 2023 软件正式发布，中国石化物探院发布首款自主研发的 π-DIMAGE 地震成像软件包，中国海油海洋地震地质多信息综合分析平台 GeoSea 正式上线。

42 测井技术重点攻关提速增效

重点围绕高温高压、小直径等难题开展攻关，解决高温高压、长水平段测井提速和安全作业难题。

- 快速测井技术。中国石油打造形成过钻具、电缆快测与高温高压三个 CPLog“一串快测”系统；中国石化打造形成高温直推存储常规 + 成像测井“一趟快测”。

- 双孔介质储层测井评价技术。构建全能域中子反应流体饱和度解释模型，研发高速伽马脉冲幅值采样技术，构建多元耦合流体指示曲线，提高解释符合率。

- EGAS 电缆测井阻卡风险防控技术体系。实现了电缆测井作业前风险评估及设计优化，作业中风险预警和分级应对，作业后模型迭代升级，填补了海上电缆测井作业安全防控技术空白。

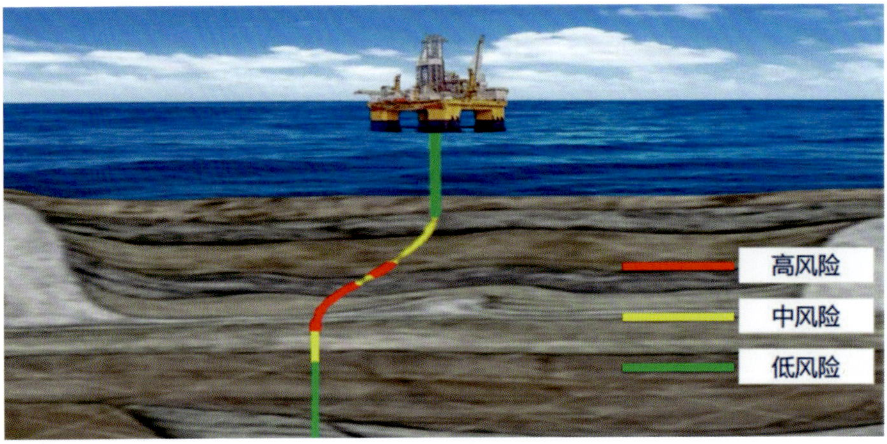

EGAS 测前风险评估技术

43 特深层钻井技术支撑重大发现

聚焦塔里木、四川等特深层钻井需要，复杂压力体系塌漏严重、储层精准识别与改造难度大等难题，集成应用硬地层高效破岩、异常高压钻井等技术，特深油气勘探开发施工能力大幅提高。

● 硬地层高效破岩技术。分析不同钻头类型、参数和破岩方式下的破岩效率，形成针对性提速方案，配合个性化 PDC 钻头、大扭矩螺杆等工具，实现高效破岩提速。

● 异常高压安全钻井技术。优化井身结构控高压，遇漏控压钻进，成功穿越多套压力体系，储层钻穿长度大幅提高。

44 页岩油开发配套技术不断完善

大庆古龙页岩“黏土含量高、页理发育”特征导致效益开发难，通过自主攻关，原创高黏土页岩油富集理论和高效勘探开发关键技术[29]，有效推动示范区建设。

● 原创高黏土页岩油富集理论。发现有机质黏土复合体生烃后体积收缩的成孔新机制，建立了页岩油原位自封闭富集的动力学新模型，突破经典油气运移成藏富集理论。

● 揭示纳米级油藏跨尺度开发机理。构建“压后基质—页理缝—人工缝”三孔三渗流动模型，证实页理缝为主要渗流通道，基质纳米孔可持续供油。

● 首创高黏土页岩油“双甜点”评价技术。建立以游离油含量、核磁大孔与页理缝为核心的地质工程“双甜点”评价标准，明确了效益开发的黄金靶层，纳米孔页岩产油能力较以往提高 3 倍。

大庆古龙页岩油勘探开发作业区

45 页岩气效益开发技术持续提升

优快钻井技术、高效压裂工艺及配套技术等不断优化完善，支撑了涪陵中深层页岩气的效益开发。

- 瘦身井钻完井技术系列[30]。针对低丰度区、难动用区，在瘦身Ⅰ型、Ⅱ型井身基础上，首创瘦身Ⅲ型井身结构技术，研发配套的钻井液体系和水泥浆配方，实现白马、凤来区块千亿方储量有效动用。

- 井筒重建重复压裂技术[31]。聚焦老井“段簇间”剩余储量，创新井筒重建重复压裂技术，实现工艺技术和工具材料的全国产化，缩短施工周期，降低施工成本，推动重复压裂技术的推广应用，确保涪陵页岩气田持续稳产上产。

涪陵气田首口水平段超 3000 米“瘦身井”

46 深层煤层气开发技术创新发展

深层煤层气一直被国内外视为勘探开发禁区，石油公司创新形成深层煤层气开发关键技术，推动鄂尔多斯盆地东缘深层煤层气勘探开发实现世界级重大突破。

● 创新形成差异化井网部署技术。建立了以煤体结构、煤岩类型、含气量等为核心的“甜点”段评价标准，创新形成以地应力场、天然裂缝、人工裂缝、井型与方位、井网井距为核心的“五位一体”差异化井网部署技术，支撑了开发先导试验方案。

● 创新形成精益充分弥合缝网大规模体积压裂技术。构建了基于顶底板遮挡、井眼轨迹、构造曲率等“六要素一体化”选段定簇方法，设计了多尺度裂缝充分支撑工艺，研发了变黏促缝、高效挟砂、减阻降压多功能一体化压裂液体系，缝网弥合度达到94%，形成了全生命周期排采工艺，实现单井产量和采收率大幅提升。

专栏 4 绿色勘查开采技术推进低碳发展

统筹推进油气供应安全和绿色发展，形成了以储能、电气化、CCUS 为核心的绿色勘查开采技术体系。

● 研发钻井混合储能系统[32]。每套钻机可减配 1 台大功率发电机组，以 7000 米钻机为例，有效减少机组 60% 的在网运行时间，全周期作业可有效节油 12% 以上，同时碳排放量减少 12% 以上。

● 全面推进压裂装备电气化[33]。研制并推广 2500~7000 马力的系列电驱压裂装备，2023 年成功研制 8000 型全电动压裂装置，实现能耗成本、占地面积、工作噪音等大幅降低。

● CCUS 项目高效运行技术[34]。“齐鲁石化－胜利油田百万吨级 CCUS 项目”二氧化碳输送管道正式投运，攻克 3 项核心技术，研发了低温液相二氧化碳管输离心增压泵、高效二氧化碳密相常温高压往复注入泵 2 项关键装备。

钻井混合储能系统

（三）装备研发

47 海洋地震采集装备实现产业化

● 海底地震勘探节点采集装备“海脉”实现产业化[35]。完成首批6000套产业化制造，低频拓展至2赫兹，信噪比提升30%，作业水深可达700米，标志着我国在海底地震勘探装备技术上迈出关键一步。

● 自主研发海洋拖缆地震勘探采集装备“海经”系统完成首次作业[36]。可开展3000米水深勘探作业，成为全球第三个掌握全套海洋地震勘探拖缆采集装备的国家。

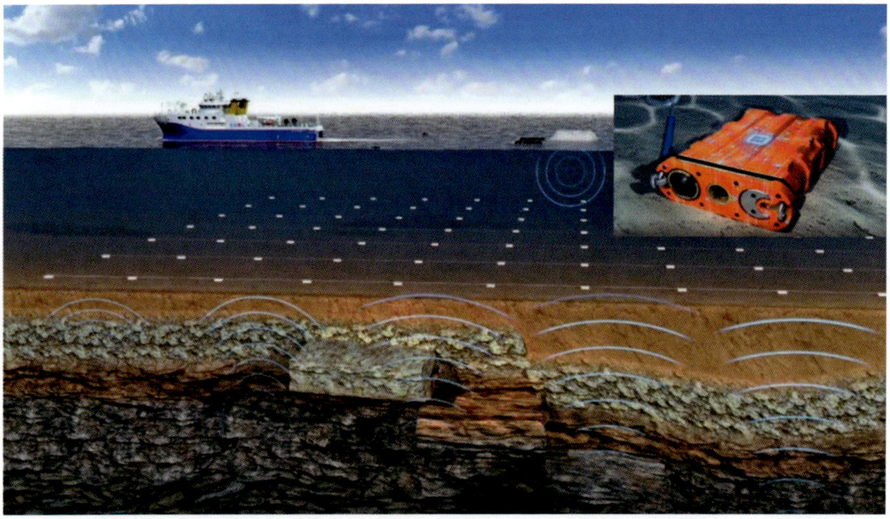

“海脉”海底节点物探采集装备

48 超高温高压测井装备支撑深层勘探

● ESCOOL 全系列超高温高压电缆测井装备。中国海油服自主研发新一代测井系统，涵盖了声电核满贯、多维成像、地层测试等测井系列，形成了从 150℃到 205℃的全功能测井装备体系，最高耐温 235℃、耐压 175MPa，最高传输速率 1Mbps。

● 国内首套 260℃ /206MPa 超高温高压测井仪器 [37]。中石化油服成功研制国内首套 260℃ /206MPa 四参数测井仪器，攻关形成 200℃、230℃和 260℃高温高压常规测井、复杂工况测井、成像测井技术系列，支持“深地一号”顺北油气田勘探开发。

260℃超高温高压测井系列仪器

49 超深特深层钻井装备达到领先水平

● 一键式人机交互 7000 米自动化钻机 [38]。突破一键式人机交互、独立建立根、智能安全管控、模块化集成设计等技术，实现了流程自动化、作业少人化、操作一键化，人员配置降低 1/3 以上，重体力劳动降低 90%。

● 全球首台 12000 米特深井自动化钻机 [39]。突破超高钻台大载荷提升、万米级管柱自动化处理等关键技术，在自动化、电动化和国产化方面取得新突破，关键设备全面国产化，降低劳动强度的同时大幅提升了安全性。

7000 米自动化钻机

50 旋转导向技术国产替代率不断提升

● CG STEER-150 高温高造斜旋转地质导向钻井系统[40]。在 230 口井完成全井段导向作业，稳定性、可靠性和寿命进一步提升。

● “经纬领航”旋转地质导向钻井系统。耐 165℃高温、140MPa 高压、20 倍重力加速度，造斜率可达 15°/30 米，累计进尺超 20 万米。

● “璇玑”旋转导向钻井系统。累计作业超 1600 井次，进尺超 150 万米，一次入井成功率达 95%，实现海上规模化应用。

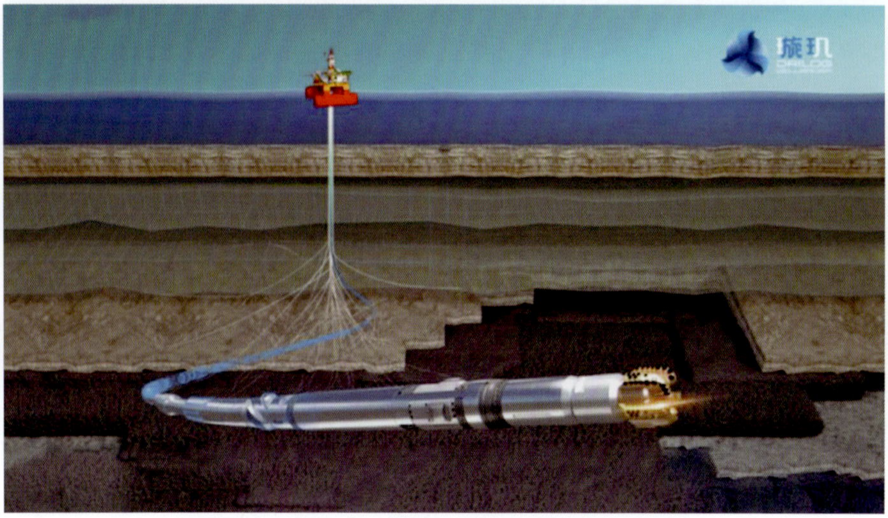

“璇玑”旋转导向钻井系统

51 海洋油气开发装备实现重大突破

● “海基二号”深水导管架建设完工[41]。总高 338 米，总质量达 3.7 万吨，均刷新亚洲纪录，将应用于亿吨级深水老油田——流花 11-1/4-1 油田的二次开发。

● “海洋石油 122”浮式生产储卸油装置完成主体建造[42]。亚洲首艘圆筒型 FPSO，与国际相比建设周期减半，船体主尺寸精度控制在了毫米以内，达到世界先进水平，将应用于南海深水区油气开发。

● 我国首座深远海浮式风电平台“海油观澜号”[43]。装机容量 7.25 兆瓦，年均发电量 2200 万千瓦时，将全部用于油田群生产，每年可节约燃料近 1000 万立方米天然气，年减排二氧化碳 2.2 万吨。

海油观澜号

专栏 5 12000 米特深井自动化钻机

中国石油宝鸡石油机械公司牵头研制的 12000 米特深井自动化钻机，攻克智能控制一体化平台集成技术、钻井自主决策工控系统、超高重载井架底座等一批关键核心技术装备，有力支撑了深地科探工程，创造多项钻井记录，入选“2023 年度央企十大国之重器”。

- 关键装备参数强[44]。15 米超高钻台，连续提升 900 吨的 6000hp 绞车，3000hp 超高压钻井泵，提升了钻机作业能力。
- 管柱作业全自动化。动力猫道、钻台机械手和二层台机械手等 8 套作业机器人，实现万米级管柱关键流程作业自动化。
- 核心设备全电驱化。动力猫道、钻台机械手、辅助绞车和闸阀组等核心设备全面电驱，整机电动化程度大幅提升。
- 核心部件全国产化[45]。北石 900 吨顶驱、济柴 175 发电机组和国产变频器全面替代进口，有效解决了核心部件卡脖子的问题。

塔科 1 井 12000 米特深井自动化钻机作业现场

四 资源管理

2023 年，油气资源管理工作全面推进。基础调查取得新进展，资源评价取得重要成果，找矿突破战略行动全面推进，油气探矿权竞争出让力度加大，采矿权新增面积大幅增加，“三率”等行业标准陆续出台，油气监督保护力度持续加强。

- **调查评价取得新进展，找矿突破战略行动全面推进**
- **资源评价取得阶段成果，矿产资源规划完成中期评估**
- **油气出让登记工作稳步推进，矿权管理改革效果凸显**
- **勘查开采信息公示完成，资源保护监督力度加强**

（一）地质调查与资源评价

52 油气基础调查取得新进展

地质调查在鄂西－渝东地区二叠系大隆组页岩气，新疆库拜煤田深部煤层气，海域、南海北部天然气水合物等新区新层系取得了新进展。

● 重点盆地新区新层系。三门峡盆地豫峡地1井钻获良好油气显示，日产原油17.13吨，估算原油资源量1.07亿吨；塔里木盆地西北缘新苏地2井钻遇良好油气显示，北缘深部煤系气调查取得重要发现。

● 重点盆地页岩气调查。鄂西－渝东地区渝巫地1井获得页岩气流，建页2井获得重要发现。

53 油气资源评价取得阶段成果

2023年，自然资源部全面推进“十四五”油气资源评价，开展了技术规范编制、重点盆地联合研究、空白区优选等工作。

● 编制全国油气资源评价技术规范。编写了常规与非常规油气资源地质评价、经济性评价、生态适宜性评价、空白区有利区优选等14项技术规范。

● 推进重点盆地联合研究评价。编制了10个重点盆地联合研究实施方案，研讨解决了遇到的关键问题，推进了重点盆地内的认识统一，获得初步评价结果。

● 推进重点类型油气资源评价。组织开展了页岩油气、致密油气、煤层气、氦气等资源评价关键问题研讨，达成了分类分级标准共识，推进了刻度区解剖与共享工作。

● 开展矿业权空白区有利区块优选。开展了我国油气矿业权空白区潜力分析，优选了一批有利区块。

（二）矿业权出让与登记

54 油气探矿权竞争出让力度不断加大

2023年，自然资源部共挂牌出让31个油气探矿权，面积2.04万平方千米。

- 中国石油、中国石化竞得15个探矿权，面积9628平方千米。7家民企竞得12个探矿权，面积8662平方千米。3家地方国企竞得4个探矿权，面积2161平方千米。
- 2011—2023年，通过竞争方式出让169个探矿权。其中，4家石油公司竞得54个探矿权，26家地方国企竞得61个探矿权，6家非油央企竞得8个探矿权，31家民营企业竞得46个探矿权。

2023年油气探矿权出让情况表

省份	矿种	个数	面积 万平方千米	竞得价 万元
黑龙江	石油天然气	8	0.58	9903
海南	石油天然气	1	0.08	515
新疆	石油天然气	4	0.28	49150
甘肃	石油天然气	6	0.38	13296
湖北	页岩气	4	0.17	3540
青海	石油天然气	7	0.52	60830
云南	石油天然气	1	0.03	60103
合计		31	2.04	197337

注：统计范围为2023年确定竞得人的出让项目，其中4个探矿权因未缴纳矿业权出让收益被省厅公告解除。

55 油气探矿权竞争出让机制逐步完善

2023 年，自然资源部不断深化油气矿业权竞争出让制度改革。

● 探索使用保证金制度。保证金原则上按照矿业权出让收益起始价金额取整确定。新疆地区规定当竞价超过 1 亿时，追加保证金 2000 万，追加时限 1 个工作日；竞价超过 5 亿元时，追加保证金 5000 万元，追加时限 2 个工作日，至此后续不再追加。贵州省综合考虑矿业权市场规律和拟挂牌页岩气探矿权的整体价值确定保证金。

● 增加海域探矿权出让竞买人资质要求。海南省要求竞买人或其母公司近 10 年内至少有单独或合作开展过 1 个海上油气勘探开发项目。

● 完善探矿权合同部分的条款。整体修改了合同中未足额缴纳矿业权出让收益的解除条款，黑龙江省增加了森林、草原资源保护、临时用地条款。

56 新立油气探矿权面积大幅增长

截至 2023 年底，全国油气探矿权面积 253.53 万平方千米。共有石油天然气探矿权人 36 家，包括中国石油、中国石化、中国海油、延长石油和中联公司 5 家国有石油公司，1 家非油央企，12 家地方国企和 18 家民营企业。

● 油气探矿权退出面积减少。全年累计核减、注销（不包括探转采）油气探矿权面积 0.21 万平方千米。

● 新立油气探矿权面积大幅增长。2023 年，新立油气探矿权 33 个，面积 2.05 万平方千米。

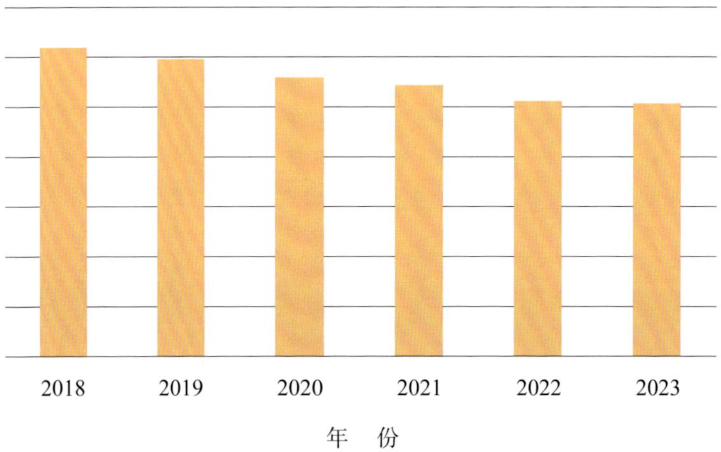

2018—2023 年油气探矿权面积变化趋势图

57 油气探转采数量大幅增加

截至2023年底，全国油气采矿权面积25.37万平方千米，同比增长21.4%。

● 油气探转采数量大幅增加。油气采矿权新立和变更扩大面积4.47万平方千米。采矿权新立66个，面积3.07万平方千米；变更121个，面积增加1.4万平方千米。

● 新增2家油气采矿权人。通过竞争出让获得探矿权的中曼石油天然气股份有限公司、贵州页岩气勘探开发有限责任公司顺利完成探转采登记。

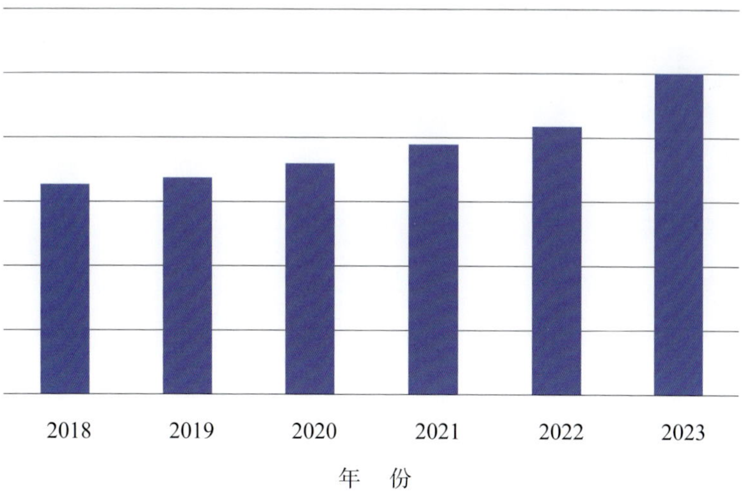

2018—2023年油气探矿权面积变化趋势图

专栏6 开展矿产资源市场化交易专项整治

2023年9月，自然资源部、国家能源局印发《矿产资源和电力市场化交易专项整治工作方案》，聚焦以行政手段干预矿产资源和电力市场化交易问题，进一步规范矿产资源和电力市场交易秩序，保障安全稳定供应。涉及矿产资源重点整治内容包括三方面：

- 违反矿业权竞争性出让的规定。包括违反矿产资源规划、国家产业政策和相关规定，违规出让矿业权；未落实全面推进矿业权竞争性出让要求，对本应以招标拍卖挂牌方式出让的矿业权，不进行竞争性出让；超出规定允许的协议出让范围，违规协议出让矿业权。

- 设置不合理的矿业权出让条件。违反市场监管总局等4部门《关于开展妨碍统一市场和公平竞争的政策措施清理工作的通知》有关规定，违规设置不合理或歧视性的矿业权出让条件，违规增加矿业权出让前置资格审查内容，排斥或限制外地经营者、非国有企业。

- 干预经营主体销售矿产品。以行政手段实施干预，限定交易、妨碍矿产品在地区之间自由流通。包括阻碍、限制外地矿产品进入本地区；实施严禁矿产品外运外销，以行政权力阻止本地矿产品外流；设置相关许可或规定，对跨区销售矿产品违规收取额外费用。

（三）资源保护与监督

58 矿业权人勘查开采信息公示等工作顺利开展

2023 年公示油气矿业权 1642 宗。检查名单由专项检查和随机抽查名单两部分组成，专项检查 32 宗，随机抽查采取不低于 5% 比例随机摇号抽取 89 宗，矿业权主要位于新疆、贵州、陕西、内蒙古、河南等省（区）。2023 年异常名录无新增矿业权。

10 月，按照《自然资源部办公厅关于推荐第八批全国油气督察员的通知》（自然资办函〔2023〕1726 号）要求，自然资源部组织开展第八批全国油气督察员的推荐、选聘工作，共选聘 610 名全国油气督察员。

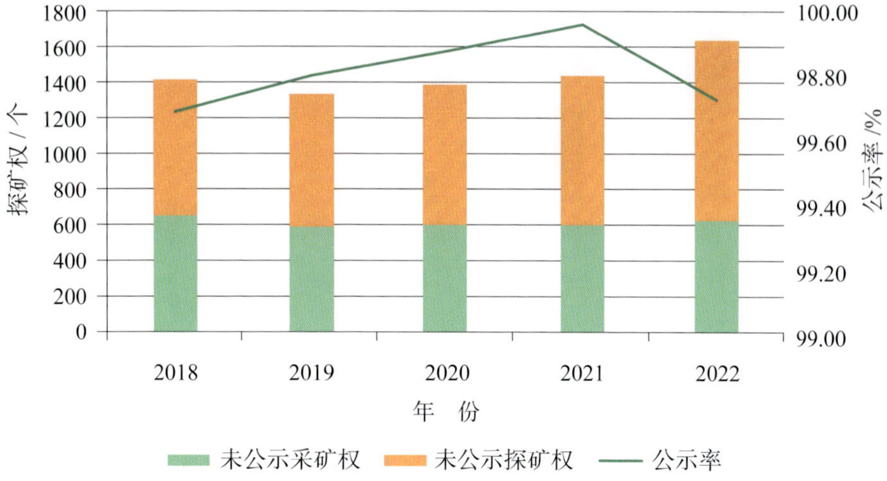

2018—2022 年度油气矿业权信息公示情况

59 油气资源探明储量评审与备案工作稳步推进

2023 年，自然资源部共受理和评审了油气探明储量报告 164 份，完成了备案 190 份（包括上年度评审通过的报告），举办了全国油气储量评审备案培训班，完成了油气田未开发储量统计分析等国情调查评价工作，对陕西省煤层气探明储量评审工作质量进行了监督指导。12 月，印发《矿产资源储量评审专家库管理办法》（自然资办发〔2023〕31 号），进一步规范专家履职行为，强化专家业务和诚信考核监督，切实保证矿产资源储量评审工作质量。

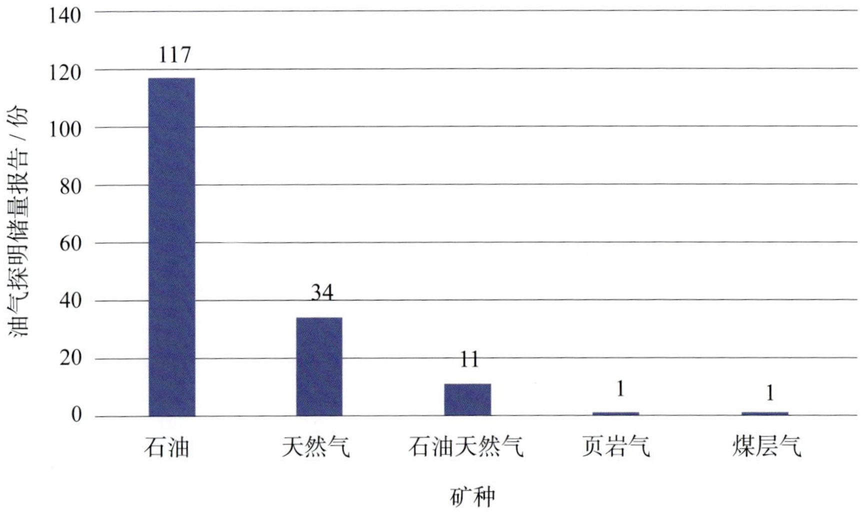

2023 年自然资源部评审油气探明储量报告矿种分布图

60 油气资源“三率”及定期调查标准陆续发布

2023年12月，《矿产资源“三率”指标要求 第2部分：石油、天然气、煤层气、页岩气、二氧化碳气》（DZ/T 0462.2—2023）发布。《矿产资源定期调查规范 第9部分：油气矿产调查》等6部行业标准发布。

油气资源“三率”领跑者指标、一般指标、最低指标要求

矿种	三率	油田类型	领跑者指标	一般指标	最低指标
石油	采收率	中高渗油田	≥55%	≥35%	≥15%
		低渗油田	≥30%	≥15%	≥8%
		特低渗—致密油田	≥23%	≥10%	≥5%
		稠油油田	≥30%	≥15%	≥10%
	商品率	—	≥99%	≥97%	≥94%
	共伴生资源综合利用率	—	≥99%	≥90%	≥75%
天然气	采收率	中高渗气田	≥75%	≥55%	≥35%
		低渗气田	≥70%	≥40%	≥25%
		特低渗—致密气田	≥50%	≥30%	≥20%
	商品率	—	≥95%	≥85%	≥60%
	共伴生资源综合利用率	—	≥98%	≥95%	≥90%
煤层气	采收率	—	≥54%	≥40%	≥30%
	商品率	—	≥95%	≥90%	≥85%
	共伴生资源综合利用率	—	≥98%	≥95%	≥90%
页岩气	采收率	—	≥25%	≥20%	≥15%
	商品率	—	≥95%	≥85%	≥60%
	共伴生资源综合利用率	—	≥98%	≥95%	≥90%
二氧化碳气	采收率	—	≥90%	≥80%	≥70%
	商品率	—	≥98%	≥95%	≥92%
	共伴生资源综合利用率	—	≥98%	≥95%	≥90%

61 地质资料保管与服务逐步完善

2023 年 10 月，自然资源部印发《油气等原始和实物地质资料委托保管工作规则》（自然资办发〔2023〕39 号），完善细化了地质资料接收验收工作要求、新增地质资料安全保管要求、规范地质资料服务利用方式和流程。

11 月，全国地质资料网络订单服务平台正式上线，实现了部省两级馆藏机构信息的互联共享、共建共用。该平台已联接部省两级 33 家馆藏机构，共计整理发布 46 万档、1463 万件地质资料目录，实现了地质资料跨区域服务利用“一网通办”、全程监管、用户“最多跑一次”。

全国地质资料网络订单服务平台示意图

专栏 7 加快油气资源与新能源融合发展

2023 年 2 月，国家能源局发布《关于加快油气勘探开发与新能源融合发展行动方案（2023—2025 年）的通知》（国能发油气〔2023〕21 号），坚持油气勘探开发与新能源融合大规模发展，实施陆上、海上清洁替代行动，推动能源清洁低碳、安全高效开发利用。

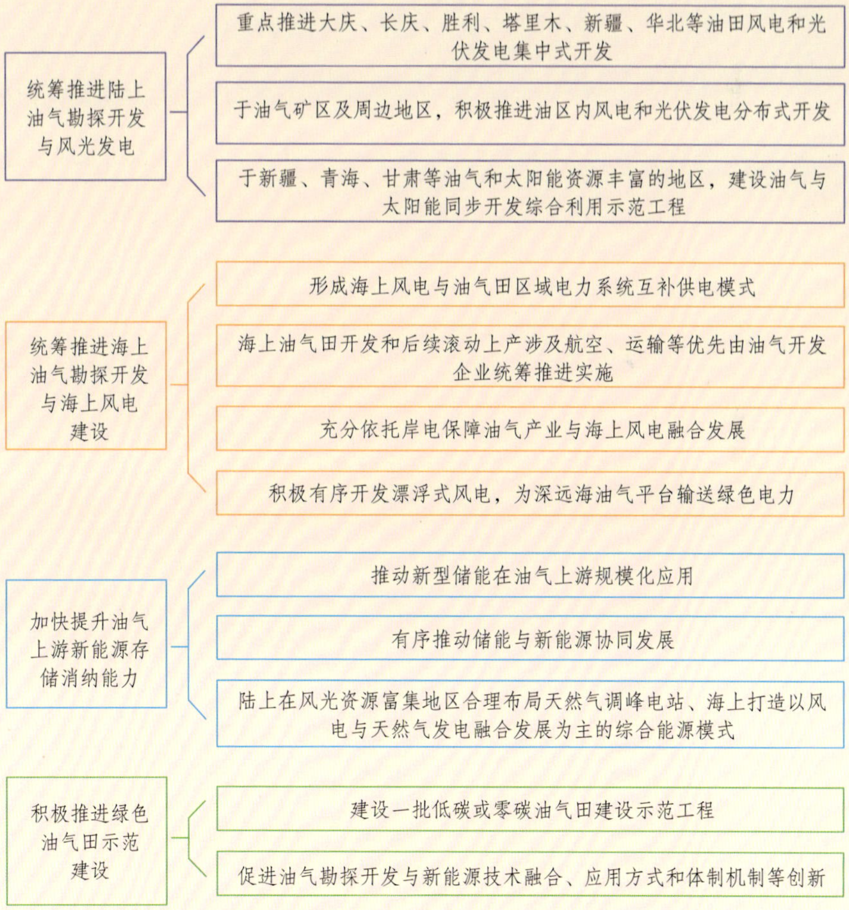

油气勘探开发与新能源融合发展方案内容结构图

五 政策法规

2023 年是推进矿产资源管理改革的重要一年，从推进矿产资源法修订、完善石油天然气市场体系、深化矿产资源管理改革，到完善勘查开采登记管理、修订矿业权交易规则、完善矿业权出让收益征收办法等，密集的政策供给为繁荣矿业市场、优化营商环境提供了政策支持，也为全社会参与和推进新一轮找矿突破注入了强劲动力。

- **首次审议矿产资源法修订草案，确定改革方向**
- **深化矿产资源管理改革，不断优化营商环境**
- **完善矿产资源管理政策，持续繁荣油气市场**
- **推进绿色矿山建设，促进行业高质量发展**

（一）深化矿产资源管理改革

62《中华人民共和国矿产资源法（修订草案）》首次审议

《中华人民共和国矿产资源法》（简称《矿产资源法》）制定于1986年，1996年、2009年修改过部分条款。目前，又对现行《矿产资源法》作了较为全面的修订，形成了《矿产资源法（修订草案）》。主要内容包括加强政策支持、完善矿业权制度、强化战略性矿产资源保护、完善相关矿业用地制度，突出加强矿产资源国内勘探开发和增储上产。此外，还针对建立矿产资源储备和应急制度，强化监督管理，完善法律责任，落实平等保护产权、平等参与市场竞争等方面作出规定与调整。

● 12月1日，国务院常务会议原则通过《矿产资源法（修订草案）》。

● 12月25日，全国人大常委会会议首次审议《矿产资源法（修订草案）》。

● 12月29日，中国人大网发布《中华人民共和国矿产资源法（修订草案）》，面向社会公开征求意见。

63 进一步深化石油天然气市场体系改革

2023 年 7 月，中央全面深化改革委员会第二次会议审议通过《关于进一步深化石油天然气市场体系改革提升国家油气安全保障能力的实施意见》（简称《意见》）。

《意见》提出，围绕提升国家油气安全保障能力的目标，积极稳妥推进油气行业上、中、下游体制机制改革，确保稳定可靠供应。

- 深化石油天然气市场体系改革，加强产供储销体系建设。
- 加大市场监管力度，强化分领域监管和跨领域协同监管，规范油气市场秩序，促进公平竞争。
- 深化油气储备体制改革，发挥好储备的应急和调节能力。

64 深化矿产资源管理改革若干事项

2023 年 7 月，自然资源部印发的《自然资源部关于深化矿产资源管理改革若干事项的意见》（自然资规〔2023〕6 号），提出优化协议出让范围、调整探矿权延续扣减面积比例和扣减基数、延长探矿权保留期限、细化油气探采合一制度等。

● 优化矿业权协议出让范围。允许已设采矿权深部或上部、周边、零星分散资源，以及属同一主体相邻矿业权之间距离 300 米左右的夹缝区域协议出让。

● 调整探矿权延续扣减面积比例和扣减基数。扣减基数由首设证载面积改为延续时的勘查许可证载明面积，扣减比例由 25% 调整为 20%，油气已提交探明地质储量的范围不计入扣减基数。

● 细化油气探采合一制度。细化报告探采合一时间节点、办理采矿权要求及未转采的管理要求，并明确《油气探采合一计划表》内容。

65 进一步完善矿产资源勘查开采登记管理

2023年5月，自然资源部印发的《自然资源部关于进一步完善矿产资源勘查开采登记管理的通知》（自然资规〔2023〕4号），完善矿产资源勘查和开采登记管理、精简矿业权申请资料、细化部分管理制度。

● 鼓励综合勘查、就矿找矿。探矿权人开展综合勘查，无需办理勘查矿种变更（增列）登记；采矿权矿区范围深部和上部无须办理探矿权。

● 简化探转采的程序。取消环境影响评价报告及环保部门批复文件等4项资料；将申请人的企业营业执照副本或事业单位法人证书2项资料改为共享获取；简化储量要件要求。

● 放开探矿权二级市场。取消以招拍挂方式取得的探矿权转让年限限制，缩短协议出让取得的矿业权转让限制年限。

● 保障矿业权人权益。不可抗力或非申请人原因无法勘查或转采区域可抵扣需缩减面积；已办理保留探矿权因非矿业权人自身原因不能转采可继续勘查。

专栏8 修改矿业权人勘查开采信息管理办法

2023年11月，自然资源部就《矿业权人勘查开采信息管理办法》[1]向社会公开征求意见。征求意见稿主要对矿业权人勘查开采信息公示、严重失信主体认定和矿业权人异常名录管理等作了具体规定。

严重失信主体的认定标准和程序。将严重失信主体的认定标准聚焦在未履行矿产资源勘查开采有关法定义务，并受到自然资源主管部门较重行政处罚的违法勘查开采行为。自然资源主管部门作出列入严重失信主体名单的决定，应当遵守事前告知、听取陈述与申辩、作出决定并送达当事人等管理程序。

严重失信主体管理措施。包括取消相关优惠政策；撤销相关荣誉称号，取消参与评优、评先资格；列为重点监管对象；在自然资源管理行政程序中不适用告知承诺制；限制申请财政性资金项目；三年内限制参与矿业权竞争性出让等。

矿业权人异常名录管理制度。对于矿业权人存在未按照规定的期限和要求填报公示勘查开采信息，填报公示信息不真实等情形的，将其列入异常名录并在全国矿业权人勘查开采信息管理系统中标注，同时矿业权人将承担被列为重点监管对象等相关责任。

---

[1] 2024年5月，自然资源部正式印发《矿业权人勘查开采信息管理办法》。

（二）繁荣勘查开发市场

66 规范矿业权出让交易

2023 年 1 月，自然资源部修订印发《矿业权出让交易规则》，进一步规范矿业权市场秩序。

● 交易流程。进一步规范招标标底、拍卖和挂牌底价确定的时间节点。

● 电子化交易。增加了“网上拍卖、挂牌成交的，具备签订网上成交确认书条件的，应当在成交后即时签订”等相关要求。

● 交易约束。补充了“投标人相互串通投标、竞买人之间串通报价，损害国家利益、社会公共利益或者他人合法权益的”“投标人、竞买人弄虚作假，骗取交易资格或中标、竞得的”等违约情形。

● 转让交易。取消了转让人与交易平台签订转让委托合同的相关规定。

67 修订完善勘查开采方案编写大纲

2023年3月，自然资源部发布的《自然资源部关于印发油气勘查实施方案、开发利用方案及勘查开采工作进展报告编写大纲的通知》(自然资发〔2023〕34号)，增加探采一体化工作部署、编制依据的技术规范等内容，删除了勘查单位、投资估算及经济效益等有关内容。

油气勘查实施方案和开发利用方案编写大纲与修改要点

68 完善矿产资源税费政策

2023 年，自然资源部、财政部和国家税务总局陆续印发矿业权出让收益、矿业权出让收益起始价标准、资源税等相关政策。

- 完善矿业权出让收益征收管理。2023 年 3 月，财政部、自然资源部和国家税务总局联合印发《矿业权出让收益征收办法》，将征收方式改为主要在矿山生产时按销售收入逐年征收，降低按金额形式征收首付比例，规范出让金额分期缴纳情形，明确海域油气矿业权出让收益分成比例，确立出让收益减缴和缓缴制度。

- 制定油气矿业权出让收益起始价标准。2023 年 8 月，自然资源部、财政部印发《关于制定矿业权出让收益起始价标准的指导意见》，明确陆域、海域油气矿产矿业权出让收益起始价确定方式。

- 继续实施页岩气减征资源税优惠政策。2023 年 9 月，财政部、国家税务总局发布《关于继续实施页岩气减征资源税优惠政策的公告》（财政部 税务总局公告 2023 年第 46 号）。在 2027 年 12 月 31 日之前，继续对页岩气资源税（按 6% 的规定税率）减征 30%。

69 进一步做好用地用海要素保障

2023 年 6 月，自然资源部印发《自然资源部关于进一步做好用地用海要素保障的通知》（自然资发〔2023〕89 号），同年 7 月，自然资源部办公厅印发《自然资源部办公厅关于加强临时用地监管有关工作的通知》（自然资办函〔2023〕1280 号）。

● 缩小用地预审范围。油气类“探采合一”和“探转采”钻井及其配套设施建设用地，不需申请办理用地预审，直接申请办理农用地转用和土地征收。

● 优化临时海域使用审批程序。海上油气勘探用海活动，继续按照临时海域使用进行管理，使用时间自钻井平台施工就位时起算。施工难度大、存在试采需求等特殊情形的海上油气勘探用海活动，累计使用期限最长不超过 1 年。

● 做好临时用地政策衔接。《土地管理办法实施条例》修订颁布前已经批准的能源等基础设施临时用地，使用期限已超过 2 年的，总使用期限不得超过 4 年。油气“探采合一”开发涉及的钻井及配套设施的临时用地，使用期限不超过 4 年。

专栏9 全面推进绿色矿山建设

2023年11月，自然资源部就《关于进一步加强绿色矿山建设的通知》向社会公开征求意见。

严格管理第三方评估机构。对第三方评估机构的性质、人员组成提出要求，确保其具备绿色矿山评估的业务能力，并且责任可追溯。制定评估程序，提出评估要求，细化监督管理措施，明确对评估过程中违规行为的惩罚措施。

强化绿色矿山名录动态管理。绿色矿山名录建立“有进有出”的动态管理机制，符合标准条件的纳入名录，对名录中不符合绿色矿山标准的要及时按程序移出。

修订完善标准和评价指标。完善评价指标，突出重点指标，将评价指标设置为约束性指标和提升性指标，约束性指标为底线要求。

强化监督考核。对尚未开展创建工作的矿山，加大指导督导力度，督促尽快开展绿色矿山建设；每年将不低于20%的绿色矿山纳入随机抽查名单，开展实地核查。将绿色矿山建设纳入到政府绩效考核体系和领导干部自然资源资产离任审计评价指标体系。

附录 国内外油气资源大事记（2023年）

1月

自然资源部修订印发《矿业权出让交易规则》。进一步规范矿业权市场秩序。

世界最大煤制天然气单体项目达产。1月5日，伊犁新天煤化工宣布2022年煤制天然气产量达20亿立方米，为目前世界上最大的煤制天然气单体项目。

埃克森美孚在圭亚那海上获得2个石油发现。1月5日，埃克森美孚宣布，在圭亚那海上斯塔布鲁克（Stabroek）区块的Fangtooth-1井和Lau Lau-1井获得2个石油发现。

2月

我国最大超深油田500万吨产能建设工程启动。2月10日，富满油田产能建设工程开工。预计2025年建成年产油气当量500万吨的大油田。

国内一次性建设规模最大的原油商业储备库项目正式投用。2月16日，东营原油商业储备库项目在山东东营港经济开发区投油成功。项目总库容500万立方米，可储存原油约425万吨。

中国燃气与美国LNG供应商签订2份为期20年期LNG购销协议。2月24日，中国燃气控股有限公司与美国 LNG 供应商 VentureGlobal LNG 公司签订了 2 份为期 20 年的 LNG 购销协议，每年向中国燃气供应 100 万吨 LNG。

俄罗斯禁止向对俄石油进行限价的国家供应石油。2 月 1 日起正式禁止向在合同中设置价格上限机制的外国法人和个人供应石油。

3 月

自然资源部发布《自然资源部关于印发油气勘查实施方案、开发利用方案及勘查开采工作进展报告编写大纲的通知》（自然资发〔2023〕34 号）。增加探采一体化工作部署、编制依据的技术规范等内容，删除了勘查单位、投资估算及经济效益等有关内容。

财政部、自然资源部和国家税务总局联合印发《财政部 自然资源部 税务总局关于印发〈矿业权出让收益征收办法〉的通知》（财综〔2023〕10 号）。将征收方式改为主要在矿山生产时按销售收入逐年征收，降低按金额形式征收首付比例，规范出让金额分期缴纳情形，明确海域油气矿业权出让收益分成比例，确立了出让收益减缴和缓缴制度。

渤海获亿吨级油气大发现。3 月 1 日，中国海油宣布，渤海再获渤中 26-6 油田亿吨级大发现，是国内最大的变质岩潜山油田，测试平均日产油超过 270 吨，日产气超过 32 万立方米。

塔里木油田刷新亚洲最深水平。3 月 9 日，富满油田果勒 3C 井顺利完钻，以 9396 米井深刷新亚洲最深水平井纪录。

沙特阿美宣布设立 2 个合计总额超千亿的在华项目。3 月 26 日，沙特阿美宣布在华设立华锦阿美石化有限公司，并于 27 日，沙特阿美宣布以 246 亿人民币的价格收购中国荣盛石化股份有限公司 10% 的股权。

欧盟发布《净零工业法案》提案。旨在确保到 2030 年欧盟至少 40% 的包括风力涡轮机、电池、热泵、太阳能电池板、可再生氢等在内的清洁技术需求在欧洲本土制造。

4 月

中国石化参股卡塔尔北部气田扩能项目。4 月 12 日，中国石化与卡塔尔能源公司签署北方气田扩能项目参股协议，将受让北方气田扩能项目 1.25% 的股份。

俄罗斯石油公司与印度石油公司就增加对印供油签署协议。俄罗斯石油公司与印度石油公司讨论了扩大全面合作和以本币相互结算的可能性，并签署了大幅增加对印原油供应的协议。

沙特和多个产油国突然宣布自愿减产。4 月 2 日，OPEC 宣布减产约 116 万桶 / 天，减产总量增至 366 万桶 / 天，从 5 月份持续到 2023 年底。

美国批准阿拉斯加项目的 LNG 出口。4 月 14 日，美国能源部批准了阿拉斯加天然气开发公司向与美国没有自由贸易协定的国家出口 LNG 的项目。将于 2030 年投入运营，将 LNG 主要出口到亚洲国家。

欧洲通过史上最大碳市场改革法案。4 月 18 日，欧洲议会批准了“Fit for 55”2030 一揽子气候计划中数项关键立法，包括改革碳排放权交易体系（ETS）、修正碳边境调节机制（CBAM）相关规则以及设立社会气候基金，承诺欧洲 2030 年底温室气体排放量较 1990 年将减少 55%。

5月

自然资源部印发《自然资源部关于进一步完善矿产资源勘查开采登记管理的通知》（自然资规〔2023〕4号）。完善矿产资源勘查和开采登记管理、精简矿业权申请资料、细化部分管理制度。

艾奎诺（Equinor）为促进对欧天然气出口重新开放气田。5月15日，挪威能源巨头艾奎诺正式重新开放挪威海的Njord油气田，对该气田平台和浮式储卸油装置（FSO）进行了大规模升级，将气田寿命延长1倍，产量增加1倍以上。

卡塔尔能源授出北方气田南部项目100亿美元合同。5月16日，卡塔尔能源公司与法国德西尼布能源公司和联合承包商公司签订了1份价值100亿美元的合同，用于全球最大气田——北方气田南部项目建设。

6月

内蒙古西部建设首个百万吨级油田。6月11日，中国石油华北油田在河套盆地建设的巴彦油田日产油达2780吨，成为内蒙古西部首个百万吨级油田。

OPEC与非OPEC产油国达成减产协议。从2024年1月1日至12月31日，OPEC与非OPEC产油国原油日产量下调约140万桶，沙特从7月起自愿额外日减产100万桶。

巴基斯坦首次以人民币支付进口俄罗斯原油费用。巴基斯坦2023年4月首次采购10万吨俄罗斯原油，第一批4.5万吨已于6月11日运抵卡拉奇。

7月

中央全面深化改革委员会审议通过《关于进一步深化石油天然气市场体系改革提升国家油气安全保障能力的实施意见》。提出围绕提升国家油气安全保障能力的目标，积极稳妥推进油气行业上、中、下游体制机制改革，确保稳定可靠供应。

自然资源部印发《自然资源部关于深化矿产资源管理改革若干事项的意见》（自然资规〔2023〕6号）。提出优化协议出让范围、调整探矿权延续扣减面积比例和扣减基数、延长探矿权保留期限、细化油气探采合一制度等。

生态环境部发布陆地油气开发建设环境影响评价技术导则。对扩大适用范围、明确工作程序要求、完善环境要素评价内容等8方面进行了修订。

渤海垦利6-1亿吨级油田群实现全面投产。7月12日，渤海垦利6-1油田群全面投产，是我国渤海莱北低凸起浅层勘探发现的首个亿吨级岩性大型油田。

沙特阿拉伯和俄罗斯延长石油自愿减产措施。沙特阿拉伯宣布将7月份自愿减产石油100万桶/日计划延长到8月份，俄罗斯宣布将自愿减产石油50万桶/日的期限顺延至8月底，阿尔及利亚宣布将在8月份额外减产石油2万桶/日。

8月

自然资源部 财政部印发《关于制定矿业权出让收益起始价标准的指导意见》。明确陆域、海域油气矿产矿业权出让收益起始价确定方式。

渝东南深层煤层气开发取得突破。8月2日，中国石化部署在重庆市南川区的深层煤层气井阳 2 井实现自喷生产 100 天，日产气量稳定在 1.2 万立方米，累计产气 120 万立方米。

沁水盆地薄煤层气大规模开发取得突破。8 月 16 日，我国首个薄煤层气大规模开发项目——潘河区块薄煤层气开发项目全面建成投产。

首单人民币结算国际 LNG 对外销售交易成交。8 月 22 日，中国海油与新加坡兰亭能源通过上海石油天然气交易中心国际 LNG 交易系统达成一船以人民币结算的国际液化天然气（LNG）销售交易，合同量 6.5 万吨。

9 月

自然资源部 国家能源局印发《矿产资源和电力市场化交易专项整治工作方案》。聚焦以行政手段干预矿产资源和电力市场化交易问题，进一步规范矿产资源和电力市场交易秩序。

珠江口盆地恩平 15-1 油田群全面投产。9 月 18 日，中国海油消息，位于珠江口盆地的恩平 15-1 油田群 6 个新油田全面建成投产，形成集高产、智能、低碳等特点为一体的现代化海上油田群，年产原油将超过 250 万吨。

沙特阿拉伯与俄罗斯延长石油自愿减产至 12 月底。沙特阿拉伯宣布将把从 7 月开始的日均 100 万桶的自愿减产石油措施延长至 12 月底，俄罗斯宣布将自愿削减 30 万桶石油日出口量，持续到 2023 年底。

俄罗斯延长天然气交易有关禁令。9 月 11 日，俄罗斯总统普京签署总统令，对 2022 年 12 月 22 日签署的有关“对某些有不友好行为的外国企业和国际组织在天然气供应领域采取特殊经济措施”等相关禁令有效期延长1年，至2024年10月1日。

10月

新一轮巴以冲突爆发。10月7日，巴勒斯坦和以色列爆发新一轮冲突，10月9日，布伦特原油价格上涨4.2%，美国WTI原油价格上涨4.3%。

我国发现首个千亿立方米深煤层大气田。10月23日，中国海油在鄂尔多斯盆地东缘2000米深地层发现我国首个千亿方深煤层气田——神府深煤层大气田，探明地质储量超1100亿立方米。

欧洲最大天然气田进入“休眠状态”。格罗宁根（Groningen）气田因周边地区屡遭地震，继续开采活动变困难，关闭计划经过长期酝酿和推迟，终于得以实施。

埃克森美孚拟595亿美元收购页岩油气先锋自然资源公司。10月11日，埃克森美孚与页岩油生产巨头先锋自然资源公司宣布达成最终收购协议，交易总值约为645亿美元，成为全球油气行业近20年来的最大并购案。

雪佛龙将以530亿美元收购赫斯。10月23日，雪佛龙公司宣布，将以530亿美元的全股票交易收购美国第四大石油公司赫斯（Hess），交易总价值为600亿美元。

11月

中国石化与卡塔尔能源公司再签大单。中国石化11月4日与卡塔尔能源公司签署北部气田扩能项目二期（NFS）一体化合作协议，将向中国石化供应300万吨LNG，并转让合资公司5%股权。

亚洲最深井获高产油气流。11 月 15 日，位于塔里木盆地的中国石化“深地一号”跃进 3-3XC 井测试获得高产油气流，该井完钻井深达 9432 米，刷新亚洲陆上最深井纪录。

渤海首个千亿立方米大气田一期开发项目投产。11 月 14 日，我国渤海首个千亿立方米大气田——渤中 19-6 气田一期开发项目成功投产。

12 月

长庆油田在甘肃陇东新发现超亿吨级整装大油田。中国石油长庆油田在甘肃环县洪德地区发现地质储量超亿吨级整装大油田，提交石油探明储量 5024 万吨、预测石油储量 5620 万吨。

我国最大商业地下石油储备项目开建。12 月 9 日，由中国海油投资建设的大榭商储项目全面开工建设，规模为 300 万立方米，预计 2026 年底建成。

《矿产资源法（修订草案）》首次审议。12 月 25 日，受国务院委托，自然资源部部长王广华在十四届全国人大常委会第七次会议上作了关于《矿产资源法（修订草案）》的说明。修订草案共 8 章 76 条，对现行《矿产资源法》作出较为全面的修订。

大庆油田油气产量当量再超 4000 万吨。12 月 28 日，大庆油田今年已生产原油 3004.1 万吨，连续 9 年保持 3000 万吨硬稳产；生产天然气 58 亿立方米，连续 13 年实现稳定增长。

富满油田年产油气量突破 400 万吨。12 月 29 日，我国最大超深油田——富满油田油气年产量突破 400 万吨大关，攀升至 403.6 万吨新的高峰。

安哥拉宣布将退出石油输出国组织。非洲国家安哥拉，在

OPEC11 月决定 2024 年进一步削减产量后，由于在产量配额问题上存在分歧，于 12 月 21 日宣布将退出 OPEC。安哥拉退出后，OPEC 成员国数量将减少到 12 个。

COP28 达成《阿联酋共识》。12 月 13 日，在第 28 届联合国气候变化大会（COP28）上，198 个缔约方达成了 1 份具有里程碑意义的案文——《阿联酋共识》，同意放弃使用化石燃料，减少导致气候变化的温室气体排放。

参考文献

[1] 钱兴坤，陆如泉 . 2023 年国内外油气行业发展报告 [M]. 北京：石油工业出版社 . 2024.

[2]OPEC. Annual Statistical Bulletin2023[EB/OL]. 2023. https://www.opec.org/opec_web/en/202.htm.

[3] Rystad. Upstream trends report. 2023.

[4] Baker Hughes. 2024. https://bakerhughesrigcount.gcs-web.com/rig-count-overview

[5] 盘点全球十大油气发现 [EB/OL] . 中国海洋石油报 .(2024-1-24)[2024-1-26]. https://mp.weixin.qq.com/s/SjEfeu-1cMmei2-jKJms7Q.

[6] EIA. Short-Term Energy Outlook [EB/OL].(2024-2-6)[2024-2-16]. https://www.eia.gov/outlooks/steo/data.php.

[7] IEA. Gas Market Report(Q1-2024)[EB/OL].(2024-1-20)[2024-2-20]. https://iea.blob.core.windows.net/assets/601bff14-5d9b-4fef-8ecc-d7b2e8e7449a/GasMarketReportQ12024.pdf.

[8] 世界银行 . 世界银行大宗商品价格 [DB/OL]. https://www.worldbank.org/en/research/commodity-markets.

[9] 余岭，等 . 国际石油公司出现上游资产并购新浪潮 [EB/OL]. (2024-1-16) [2024-2-20].http://news.cnpc.com.cn/system/2024/01/16/030122945.shtml.

[10] 王佩，等 . 全球石油市场五大事件观察 [N]. 石油商报 . 2024-01-07，2024 年第 1 期 .

[11] 国家统计局 . 中华人民共和国 2023 年国民经济和社会发展统计公报 .

[12][EB/OL].(2024-2-29)[2024-3-2]. https://www.stats.gov.cn/sj/zxfb/202402/t20240228_1947915.html

[13] 国家统计局，https://data.stats.gov.cn/easyquery.htm?cn=C01

[14] 海关总署，http://www.customs.gov.cn/.

[15] 国家能源局 . 油气管网将全面实现互联互通 [EB/OL]. (2023-4-7) [2024-1-2].https://www.nea.gov.cn/2023-04/07/c_1310709027.htm.

[16] 郑得文 . 储气库调峰供气有“余粮”更从容 [EB/OL]. (2023-12-10) [2024-1-2].https://baijiahao.baidu.com/s?id=1784877378373341564&wfr=spider&for=pc.

[17] 智研咨询，中国地下储气库行业市场分析及发展前景预测报告（2023 版）[EB/OL].(2023-7-13)[2024-1-20].https://t.10jqka.com.cn/pid_297348779.shtml.

[18] 国家统计局，2023 年原油加工量同比增长 9.3%[EB/OL]. (2024-1-17) [2024-1-20].http://www.ce.cn/cysc/ny/gdxw/202401/17/t20240117_38870280.shtml.

[19] 自然资源部 .2023 年中国自然资源公报 [R]. 北京 : 自然资源部 ,2024:2-3,5.

[20] 钱兴坤 , 陆如泉 .2023 年国内外油气行业发展报告 [M]. 北京 : 石油工业出版社 ,2024:106-107.

[21] 探明地质储量 1330 亿立方米 四川盆地再添千亿立方米大气田 [EB/OL].(2024-01-18).http://finance.people.com.cn/n1/2024/0118/c1004-40161740.html.

[22] 累计探明储量突破 2 亿立方米 渤中 26-6 成全球最大变质岩油田 [EB/OL].(2024-02-26).http://finance.people.com.cn/n1/2024/0226/c1004-40183464.html.

[23] 我国渤海中北部再获亿吨级油田 [EB/OL].(2024-03-19).http://sc.people.com.cn/n2/2024/0319/c345167-40780433.html.

[24] 我国发现首个深水深层亿吨级大油田 [EB/OL].(2024-03-08).http://finance.people.com.cn/n1/2024/0308/c1004-40191812.html.

[25]2023 年全国油气勘探开发十大标志性成果 [EB/OL].(2024-01-09).http://www.nea.gov.cn/2024-01/09/c_1310759352.htm.

[26] 我国发现千亿方深煤层气田 [EB/OL].(2023-10-23).http://www.news.cn/2023-10/23/c_1129932804.htm.

[27] 国家统计局 . 煤层气月度产量 [DB/OL].(2024-02-01).https://data.stats.gov.cn/easyquery.htm?cn=A01

[28] 中国海油公众号 . TA 的成绩单出来啦，请查收！ [EB/OL].(2023-12-17).https://mp.weixin.qq.com/s/2QtiCwzTB_zdmJrp9Du_gQ.

[29] 中国石油新闻中心．中国石油 2023 年度十大科技进展 [EB/OL].(2024-2-2).http://news.cnpc.com.cn/system/2024/02/02/030124261.shtml.

[30] 重庆日报．国内首创！涪陵页岩气田钻井“三次瘦身”技术提升油气开发效益 [EB/OL].(2023-12-22).https://app.cqrb.cn/html/2023-12-22/1798532_pc.html.

[31] 中国石化报．重复压裂：“吃干榨净”剩余资源 [EB/OL].(2023-9-4).http://enews.sinopecnews.com.cn/zgshb/html/2023-09/04/content_8709272.htm.

[32] 中国石油新闻中心．全球首台钻井混合储能系统联调试验成功 [EB/OL].(2022-11-9).http://news.cnpc.com.cn/system/2022/11/09/030084457.shtml.

[33] 中国石化报．国内功率最大电动压裂装置首次成功应用 [EB/OL].(2023-2-6).http://enews.sinopecnews.com.cn/zgshb/html/2023-02/06/content_8696189.htm.

[34] 中国石化报．我国最长二氧化碳输送管道投运 [EB/OL].(2023-7-12).http://enews.sinopecnews.com.cn/zgshb/html/2023-07/12/content_8705939.htm.

[35] 科技日报．“海脉”给海底地层做高清“CT” [EB/OL].(2023-9-26).http://digitalpaper.stdaily.com/http_www.kjrb.com/kjrb/html/2023-09/26/content_560206.htm?div=-1.

[36] 中国青年报．我国“海经”系统首次实现超深水作业 [EB/OL].(2023-10-4).https://s.cyol.com/articles/2023-10/04/content_o6YpvZHX.html.

[37] 同花顺 NEWS. 石化油服：高温高压测井技术，攻克了耐高温元器件、耐热承压材料等技术瓶颈，成功完成 260℃ /206MPa 四参数测井仪器的研制，支持“深地一号”勘探开发 [EB/OL].(2023-12-6).http://yuanchuang.10jqka.com.cn/20231206/c652898692.shtml.

[38] 国务院国有资产监督管理委员会．一键式人机交互 7000 米自动化钻机 [EB/OL].(2023-5-20).http://www.sasac.gov.cn/n4470048/n22624391/n26705666/n26705673/n26705740/c26769093/content.html.

[39] 央视网．全球首台 12000 米特深井自动化钻机 100% 自主知识产权的“大国重器” [EB/OL].(2023-5-30).https://news.cctv.com/2023/05/30/ARTIhnLqO1h1WV8vRNyrAYF6230530.shtml.

[40] 国家能源局．2023 年全国油气勘探开发十大标志性成果 [EB/OL].(2024-1-9).http://www.nea.gov.cn/2024-01/09/c_1310759352.htm.

[41] 中国青年报 . 亚洲第一深水导管架“海基二号”主体结构完工 [EB/OL].(2023-11-21). http://news.cyol.com/gb/articles/2023-11/21/content_wdvWdbhRMA.html.

[42] 人民日报 . 我国自主设计亚洲首艘圆筒型“海上油气加工厂”主体完工 [EB/OL].(2023-12-7).http://paper.people.com.cn/rmrb/html/2023-12/07/nw.D110000renmrb_20231207_8-02.htm.

[43] 新华网 . 我国首座深远海浮式风电平台“海油观澜号”成功并网投产 [EB/OL].(2023-5-20). http://www.news.cn/2023-05/20/c_1129632607.htm.

[44] 中国石油新闻中心 . 攀越“地下珠峰”，我们准备好了！ [EB/OL].(2023-7-24). http://news.cnpc.com.cn/system/2023/07/24/030107591.shtml.

[45] 中化新网 . 宝石机械：打造国之重器 挑战深地极限 [EB/OL].(2023-6-13). http://www.ccin.com.cn/detail/c11eb451818f73c9fadb029ccbf2987a.